男のララバイ

心ふれあう友へ

原 荘介

藤原書店

まえがき

まだ二十代の多感な頃……

自分がヒト（人）としてヒト（人間）を思いやるという、ごく当り前の事を忘れかけていることに気が付いて、どうにかしてヒト（人間）としての自分を取り戻してみたい……

子守唄を研究し、集めて歌っていきたいと決心したのは、多分そんな思いがふと、心の中をよぎった時だったからかもしれない。

ヒト（人間）は生まれ出た瞬間から、遠くにうすぼんやりと霞んで、見えるようで見えないゴールを目指して歩き進まなければならないのです。その深い深い哀しみと、恐怖と、不安におびえながら、小さなもみじの様な手をしっかりと握りしめて「オギャーオギャー……」と泣き叫ぶのです。

オギャーとは……いったい何だろうか？

もしかして、母の胎内に居て、ヒト（人間）として成長しかけている十か月の間にずっとずっと思い続けていた何かがあふれ出て、心の叫びとして吐き出された言葉なのだろうか……

ヒト（人間）はとても驚いた時とか、恐怖を感じた時、ギャー！と悲鳴をあげる……とても不思議なことだ。

五十年近くも子守唄の魅力に取りつかれて生きて来た今の自分は、もしかして、まだ母の胎内に居る自分なのかもしれない……

この果てしない宇宙、地球を母の胎内とみるならば、今、味わっている苦しみや悲しみは、いつか又、オギャーと叫んで新しい命となる為の試練かもしれない。

だとするならば、この世の旅路を終えて、いつかどこかに生まれ変わる時に、高らかにオギャーと叫んで生まれ出られるヒト（人間）でいられるように生きていきたい。

子守唄と共に……

男のララバイ　目次

「五木の子守歌」を生んだ谷間の五木村
——その美しい村が今、ダムの底に沈む——……原 荘介 329

私と子守唄

宇宙を超え、両親と心を通わせることができる世界……日本アビリティーズ協会会長 伊東弘泰 343
父さんが歌う「唄っこ」が私にとっての子守唄!!……シンガーソングライター 因幡 晃 345
スタンダードジャズが私にとっての子守唄……女優・歌手 ジュディ・オング 347
母の鼻歌、それが私の子守唄……歌手 香西かおり 349
母と子の自然発生的なコミュニケーション、それが子守唄……ハーモニカ奏者 斎藤寿孝 351
やはり子守唄が似合うのは、母や祖母のようだ……歌手・俳優 さとう宗幸 353
逃げた女房にゃ……落語家 三遊亭鳳楽 354

父の子守唄……日本子守唄協会理事長 西舘好子 356
子守唄はオフクロの声……作曲家 服部克久 359
たくさんの人たちの励まし、癒し、
そして叱咤激励が子守唄……女優 星由里子 361
おばあちゃんの子守唄は、生き方の指針……森繁久彌氏次男 森繁 建 364
おばちゃんの昔話……俳優 山谷初男 366

心の引き出し　開けてみて――子守唄に捧ぐ……読売新聞記者 永井一顕 369

あとがき 372

男のララバイ

心ふれあう友へ

装丁　作間順子

プロローグ

私と子守唄との出会いは、およそ五十年近く前、青山の「グロスボー」という会員制の小さなバーでだった。当時ＮＨＫを代表する番組「勝海舟」「文吾捕物帳」の脚本を担当していた、バリバリの売れっこ作家先生、倉本聰さんとの出会いが縁でした。カウンターに座ってギターを弾きながら歌を唄っていた倉本さんが、ふと私に「オガラさん（私の当時のアダ名）、島原の子守唄の、こんな歌詞を知ってる？」と……。スラスラと書いたのです。

それは……次のような詞です。

「姉しゃんな、どけんいったろかい、姉しゃんな、どけんいったろかい、
青いエントツのバッタンフール、
唐《から》はどこんねけ、唐はどこんねけ、
海の果てばよしょんがいな、なくもんながねかむ

オロロンバイ、飴型買うてひっぱらしょ！」

というものだった。

「うん、まったく知らない、はじめてです。でも、なんだかとても悲しげですね。」

「うん、そうなんだよ、子守唄ってのはね、悲しげな言葉が多いんだよ……。どうだい、二人で、一生かけて子守唄の研究をしないかい？……ことばは俺がやるから、オガラさんが曲の方を受け持ってくれればいいよ」

「うんやる、やる、絶対やりたい……」と私。

でも、研究がはじまって間もない頃、倉本さんが仕事のトラブルで番組を降りて、そのまま、北海道へ……。それっきり私と倉本さんとは会っていません。あんなに仲が良かったのに、ケンカをしてるわけでもないのに、なぜだか何十年もすれ違いのまま、時間が流れたのです。私に一生のテーマを与えてくれた倉本先生には感謝の気持ちでいっぱいです。

人間の誰もが持っている心のひき出し、いろんなひき出しの、そのうちの子守唄のひき出しのことを、人はほとんど忘れてしまっています。心のひき出しは鍵がかかっているか、または、さびついたままになっています。

人がこの世に生まれて一番最初に聞いた歌、それも自分の意志と関係なくひき出しに入っただけに、まさにひき出しの中で眠ったままです。

もしかして、一生開かないままかもしれない……。

私は全国を子守唄を探しながら歩き回り、コンサートの中で、そのことを会場のみなさんに話をします。

「今晩、眠るときに、そっと自分の心に問いかけてみて下さい。お母さんが歌ってくれたのか、お父さんなのか、又は、おじいちゃんかおばあちゃんかもしれない……。きっと今夜はすてきな、良い夢をみることでしょう。」

ずいぶん昔の話になりますが、宮川アナウンサーが司会をしていたＮＨＫ「朝のモーニングショー」で、私は「沼津の子守唄」を歌いました。この子守唄は、歌詞がとてもすてきで、赤ちゃんの可愛さを、草の数、花の数、星の数、砂の数……と。終わりが千本松原、小松原、松葉の数よりまだ可愛い……。

前前夜、ＮＨＫのスタジオで「名作劇場」収録中の森繁久彌先生を訪ねました。

いろんな楽しい話をしたあとで、帰りの先生のリムジン車の中で、「先生、あさってのモーニングショーで子守唄を歌います。」

「ほう、どこの、何という子守唄を歌うんだ？」

「沼津の子守唄です」

「うーん知らないなあ、……ちょっと歌ってみなさい」

「はい……。」

じっと聞いていた先生が、「うーん、すばらしい歌だね。がんばりなさい……」と。


数十年経ってから……。この歌とまったく歌詞が同じ江戸子守唄の類歌《るいか》と出会う。類歌とは、詞も曲もよく似た歌のことを言います。それが沼津と、富士山をはさんで隣り合わせの山梨県の「甲斐の子守唄」。

激動の戦国時代を経て、江戸時代のちょうど真ん中の時代、江戸で流行ったという「江戸の子守唄」が男のロマンをかきたてる。

沼津市では、夕方の決まった時間に全市内にこの曲が流れます。

むかし津軽の弘前に木村繁先生という子守唄研究家がいて、ご自宅を訪ねました。

ものすごい吹雪の日でした。

部屋中が資料だらけという、ものすごい量の資料でした。いろんなお話を伺い、帰るときに先生が、私の足の痛みが和らぐようにと、にんにくを漬けたのをたくさん持たせてくれました。

津軽の子守唄

ねんねこ　ねんねこ　ねんねこせ～
ねんねのオドさはどこさ行った
オドさ　トリコ町さ　トリコ買いに行った
アネさ　カレコ町さ　カレコ買いに行った
アニさ　裏の山さ　しば刈りに行った
シバに　はじかれて　ななコロビ
もうひとげり　コロべば　はちコロビ～
ねーろ～じゃ～や～いやい

三十数年前に、弘前のＪＣ（青年会議所）主催のコンサートがデネガホールで行われ、終了後の打ち上げの席で、私は木村繁先生のことを尋ねました。

「先生のぼう大な資料はどこに保管されてるの？」

「いや、全部捨てられてしまったようです」

本当にくやしくて悲しかったですね。

そうなんです。人が一生かけて集めたものであっても、興味のない人からすれば、まったくのただのボロ、ゴミなのです。

＊　＊

この本は、私の人生をつくり、あたたかい思い出をたくさん残してくれた、多くの人々の中から、何人かの方々のことを語ってまとめたものです。

〝銀幕の天才〟の森繁久彌さん、『月光仮面』の川内康範さん、『上を向いて歩こう』の中村八大さん、『七人の侍』の土屋嘉男さん、そして子守唄の恩師、松永伍一さん……聞き手になってくれた藤原良雄さんに、心の底にしまいこんでいたいくつものエピソードを語りながら、どの友との語らい、交わりも、やはり「子守唄」が彩っていることを、あらためて強く感じました。

第1幕

心の師匠、俳優・森繁久彌さん

「どうしてそんなにギターを泣かすんだ」

一九九六年、安田生命ホール

森繁久彌（もりしげ・ひさや）
一九一三―二〇〇九。NHKアナウンサーとして戦中は満洲に。引き揚げ後、俳優として淡島千景との『夫婦善哉』で一世を風靡。『社長シリーズ』などの喜劇俳優として知られるが、『小説吉田学校』やミュージカル『屋根の上のバイオリン弾き』などで国民的名優として活躍した他、随筆、書、画などもよくした。

出会い

森繁先生との最初の出会いは、私が二十九歳のころだから、一九六九年かな。ギターのひき語りをしに行っていた店があったの。青山に、そのころ日本で唯一の「ユアーズ」という名前の深夜スーパーマーケットがあったんですよ。芸能人がそこに来るというので、それを見たくて来るお客さんもいました。やたら値段は高いんだけど、とにかく、夜中に店をやってるというので、はやった店なのね。

そのビルのオーナーが、浅田さんという、天皇家にも肉を納入している、松阪牛の日本の総元締めみたいな方でした。そのビルの四階に、浅田さんの娘さんの澄子さんが女将になって、すき焼き屋「よしはし」を開店したら、はやって、一年たって隣に小さいけど会員制のフランス料理のクラブをつくることになったの。そのときに俳優の土屋嘉男さんが「よしはし」の女将から、お店でギターを演奏してくれる、誰かいい人はいないかと頼まれたわけですよ。それで土屋さんが私のことを紹介して、女将は面接も何もしないで、決めてしまったんだ。土屋さんが紹介してくれた方ですからと、何も聞かなくて、「いいです、大丈夫でしょう」と。今思うと、その「グロスボー」という名前の会員制のクラブが、私の灯台なんだよね。そこで、いろんな人と出会い、そこから、いろんなことが始まりました。その中に森繁先生もいました。倉本聰さんや、舟木一夫さん、柳生博さん、児玉清さんとも、そこで出会いました。

この会員制ミニ・フランス・レストランは、最初、原宿表参道と国道２４６（青山通り）の交叉するすぐ近くにありました。後に元赤坂の豊川稲荷のウラに移ったけれど、……。この「グロスボー」は、とにかく数えきれないほど多くの、すてきな人たちとの出会いの場だったのです。女将の澄子さんが亡くなってからは、昔の人たちとも会う機会が少なくなってしまい、時間の流れのずっしりとした重さにただただ驚くばかりです。

ある夜、私がカウンターに座って、ギターを弾いてたら、後ろから人がふっと寄ってきて、そっと「君は、どうしてそういうふうにギターを泣かすんだ」って、ささやいたんです。

それが、森繁先生からかけられた最初の言葉です。それも、そっと寄ってきてね。それが一番最初の出会い。そこからさまざまなことが始まっていき、森繁先生から、いろんなことを教えていただきました。

教わった歌『サラベイ』『草原』『浜千鳥』

最初の歌は、ロシアの『サラベイ（小夜啼鳥《さよなきどり》）』という歌でした。森繁先生からこの歌を教えていただき、びっくりしました。日本語の訳詞になってるんだけど、上野破魔治《はまじ》という人が翻訳しました。加藤登紀子さんももちろん知っている歌ですが、大変難しいんですよ。

「あの山あの谷、なけなけサラベイ。捨てられ追われて、おいらはひとり」という歌です。何気なく聞こえるけれども、一、二、三、一、二、三の四分の三拍子で、途中「捨てられ」で四分の四拍子になり、「追われて」で四分の三拍子にもどり、また「おいらは」が四分の四拍子、「ひとり」が四分の三拍子になるんですよ。見たこともない、不思議な変拍子なの。これを、森繁先生は、拍子をとりながら、一所懸命教えてくれたんです。すごく楽しかったですよ。ロシア映画『人生案内』の中で、この歌が歌われてたらしいです。

森繁先生には、『草原』というロシアの歌も教えてもらいましたが、後でわかったんだけど、加藤登紀子さんの訳詞だった。『草原』も、とてもいい歌でね。一九七九年に森繁

サラベイ

ロシア民謡
上野破魔治訳詞

サラベイ

あの山 あの谷
なけなけサラベイ
捨てられ追われて
おいらは ひとり

捨てられ追われて
おいらはひとり
なけなけうじいす
おいらの友よ

故郷《さと》にも家にも
身よりもないし
他所者《よそもの》おいらは
きらわれものさ

末《す》枯《が》れ野宿も
のみこむスパリは
涙でからい

死んでし死んでく
おいらは土に
誰も知るまい
おいらの墓を

おいらの墓には
誰もこぬが
春には鳴くだろ
うじいす 一羽

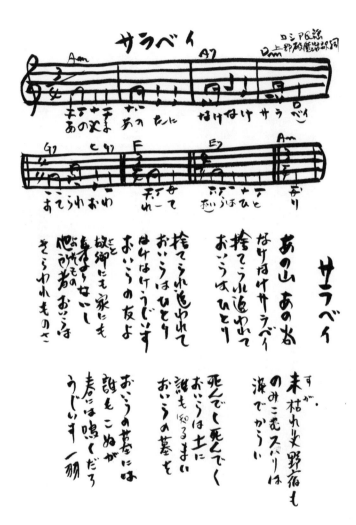

草原

一、はてしない草原に
馭者ひとり倒れふした

二、ふるさとは遠すぎて
死は近く力つきぬ

三、わが馬よ向ってくれ
お前だけが最後の友

四、この指輪 この想い
わが妻にとどけてくれ

五、わが妻よ悲しむな
この荒野にわれは眠る

六、いざさらばわが友よ
ふるさとの父よ母よ
父よ母よ

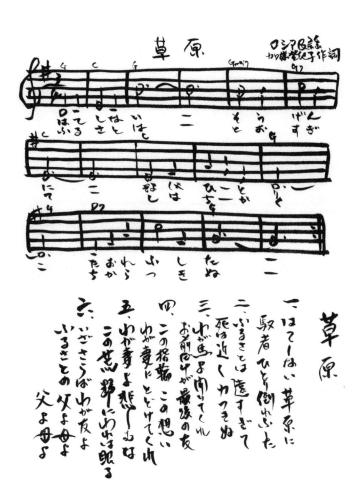

浜千鳥

鹿島鳴秋 作詞
弘田竜太郎 作曲

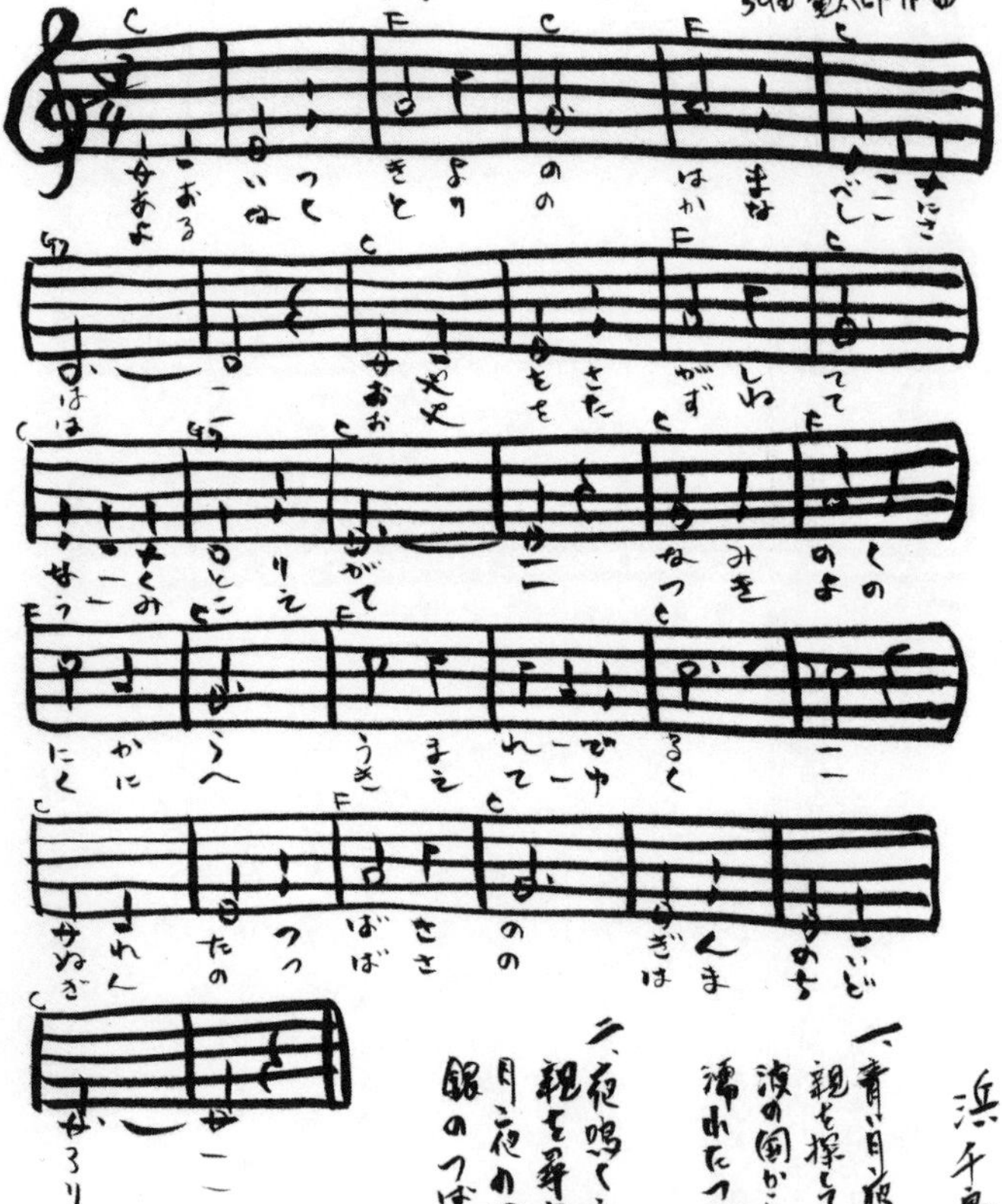

浜千鳥

一、青い月夜の浜辺には
親を探して鳴く鳥が
波の国から生れでる
濡れたつばさの
銀の色

二、夜鳴く鳥の悲しさは
親を尋ねて海こえて
月夜の国へ消えてゆく
銀のつばさの
浜千鳥

先生が、お登紀さんの何十年も続いた日比谷の、夏の野外音楽堂のゲストになったときに、たまたま楽屋で私と一緒になったんですよ。それで、森繁先生がぼそっと「今日何やろうかな」って言ったんです。ちょうど私が書いたお登紀さんの曲集の三冊目が出たばかりだったので、その一冊を見せたら、森繁先生が「おおっ」とか言ってね、ぱっとめくって、「今日これ歌う」って、『草原』を指したんです。これはアカペラでもいけるということでやろうとしたのを、お登紀さんがふっと入ってきて「私、ポロンポロンならできる」って言ったの。で、急遽それをやったわけ。そうしたら八丈島の稲田カエさんという当時九十三か九十四歳の八丈太鼓の名手のおばあちゃんなんかもゲストだったんだけど、お登紀さんのシンプルなギター伴奏で森繁先生が歌った『草原』が全体の中で一番よかったの。映像を撮っていたので、お登紀さん、持っているはずですよ。

「はてしない草原に、駆者《ぎょしゃ》ひとり倒れふした。ふるさとは遠すぎて、死は近く力つきぬ。……この指輪この想い、わが妻にとどけてくれ」という歌詞で、六番まであって、駆者が死んでいくんだけれども、「わが馬よ聞いてくれ、お前だけが最後の友」といって、指輪と思いを妻に届けてくれと頼むんです。それで最後は、「わが妻よ悲しむな。この荒野にわれは眠る。いざさらばわが友よ。ふるさとの父よ母よ」と結ぶ、すてきな歌なんだ。

これは、『サラベイ』と同じで、ロシア民謡です。『草原』はいくつか訳詞があるけど、お登紀さんの詞が、すばらしい。私も時々歌う大好きな歌です。シンプルだけど詞がよくてね。

そうそう、森繁先生と会って間もないころに、先生が突然、「『浜千鳥』を歌いなさい」ってちょっと命令調に私にいいました。「青い月夜の浜辺には、親を探して鳴く鳥が、波の国から生まれ出る、濡れた翼の銀の色」という知ってる歌だから、さらっと歌ったら、森繁先生がぼそっと言った台詞が「全然青くないね。青さがわからない」と。

そして、先生は、「青っていうのはね、空の青さもあれば、海の青さもあるし、月の青さもある」と言うんですよ。先生の言葉は、ほんとにありがたかったです。そこから先は私の考えなんだけど、歌うときには、頭の中にスクリーンを持ってなきゃだめだということだと思うの。歌詞を見ながら歌うんじゃ、だめなんだと。歌いながら、スクリーンが頭の中に出てきたら最高だということが、このごろやっとわかってきましたね。それが今の心境です。でもそのときは、よく意味がわからなかった。まだ二十代の終わりだから。でも、そのときに言ってもらった言葉というのは、絶対忘れないし、私の大事な宝物です。

怒られたこと

それからまたずっと後の話なんだけど。森繁先生が、とても可愛がり、仲が良かった、新東宝の映画で若侍の役をやった江見俊太郎さんという役者さんがいました。江見さんは特攻隊予備員でしたが、出撃する直前に、乗る寸前に、戦争が終わってるんです。

その江見さんは、私とも本当に仲よかったんですよ。それで江見さんが、ある時東京大空襲の記念日に、アサヒビールの本社で講演するというときに、「荘介さん、一緒に頼むよ」と声がかかったの。「何やるの」と聞いたら、特攻隊にいたときに自分が書いた「蒼い空」という詩を朗読するから、「荘さん、ギター伴奏してくれ」と言うんです。「いいよ」と言って、私はその詩をもらって、自分なりに考えて、一所懸命やったんです。評判もよかった。それはそれで終わったんです。

ところがしばらくして、森繁先生のところに、ふらっと遊びに行った時に、いきなり先生が私を怒るんだよね。

「何ですか」と言ったら、「おまえはギターを弾き過ぎる」って、私を怒ったんです。理由がわからずに、「えっ、何のことですか」と聞き返すと、「とにかくおまえはギターを弾き過ぎる」とますます怒っちゃった。

私は、そのちょっと前の一九九二年三月二十一日に放送されたニッポン放送の森繁先生の三時間のラジオ番組「何処へ」で、ギター伴奏をしてました。伊東四朗さん、お登紀さん、中島みゆきさん、森光子さんとか、いろんな人がかわりばんこでゲストで来て、森繁先生と話をする番組です。例えば伊東四朗さんと話をすると、「ほらほら、あの歌、あったろう」、「先生、こういう歌がありましたね」、『街のサンドイッチマン』なんか僕大好きで」と盛り上がり、二人で「ロイド眼鏡に燕尾服……」と歌い出す。私は森繁先生のそばにいて、即興で、ばっとギター伴奏するわけですよ。そういう番組を、久世光彦さんがディレクターでやりました。そのときのことかなと思ったんです。

そうしたら、先生は「違う」とまた怒るんだよ。私も短気だから、とうとう「一体何なんですか」と怒っちゃった。そうしたらさ、「江見君から手紙が来た」と言うんだ。江見さんの手紙には、江見さんが詩を朗読し、私がギター伴奏したカセットテープも入っていて、聞いてみると、「おまえのギターの音が、江見君の朗読を殺している。ギターの音が多すぎる」と言うんです。本気で怒るんですよ。

ギターの音が朗読を殺していると、森繁先生が言った。森繁先生と私が仲がいいのを、江見さんが知っていたものだから、私とこういうのをやりましたと、江見さんが手紙にカセットテープを添えて森繁先生に送ったんですよ。そんなことを先生は説明せずに、私が遊びに行ったらいきなり本気で怒るんです。演技だと思うんだけど。「ギターを弾きゃ、いいってもんではないんだ」とか言ってね。私もムカムカしてきちゃった。

そうしたら「ギター持ってこい」とギターを持ってこさせて、森繁先生は自分で変則チューニングをしました。ギターというのは、ノーマルなチューニングでは、一弦のミ、二弦のシ、三弦のソ、四弦のレ、五弦のラ、六弦のミというふうに決まってるんですよ。それをね、キュキュキュキュっと、変則チューニングするの。私はそのとき、生まれて初めて森繁先生がギターを触るのを見ましたよ。

キュキュ、キュキュキュとチューニングした後、自分の書いた詩を持ってこさせて、「いいか」といって、さらりと読み、何とかかんとかいって、ポロンポロンとつま弾いて、「これでいいんだ」と言うんです。私は江見さんの言葉を聞きながら、私なりに頭の中にスクリーンをつくっちゃって、即興で格好よく弾いたわけです。だからその場にいたみんな喜んだんですけど、音だけ聞いた森繁先生は許せないわけですよ。「何だこれは。音が多過ぎる」

と。おまえは出過ぎるんだ、ということですね。

そのときに怒られたことで、私は根本的に考えを変えました。人のゲストになったり、「二人の会」とかで、相手を立てなきゃならんときには、絶対にギターの音数《おとかず》を抑えるということを、私はいま徹底してます。森繁先生の顔が出てくるんです。それでぐっと抑えて、サポートしていく。これが本当の教育ですね。

本気にならなきゃ、ああやって怒って教えてくれないですよ。こっちは、ギターを精一杯弾けて、やったあ、と気持ちよくなっているし、江見さんからも、「みんな喜んでる」と言われて、私も天狗になってる。うれしくてさ。それがもう、ぼかんとやられた。ああいう物の教え方は、大事だね。臨場感があるというか、その場で教えるというのは、一番効果があると思うね。

森繁先生はすばらしい教育者でもあったということだね。すごいね。だから何十年たっても、伴奏したり、共演したりしていると、そのときのことが必ず出てくるんですよ。それでまず、ふっと一呼吸おいて、じっとしてる。それから弾き始める。自分が主役でなければ、絶対に出ちゃだめだということですね。人生においても大事なことだなあ。

主役をもり立てる

　ということを裏返せば、主役はあくまでも主役なんですよ。森繁先生はやっぱり自分が主役の多い人だから、だから貪欲なほどに主役なんですよ。

　私はこのごろタッちゃん（次男、森繁建氏）との縁で、先生の映画を見ることが多いの。それで先日、『暖簾』を見たんだけどね、やっぱり森繁先生の演技が、際立っているんですよね。中村メイコさんとかいろんな人がいるんだけど、森繁先生のところにカメラが自然に行くんだよね。行くように見えるわけ。森繁先生の動きがカメラを呼び込むんだね。でも役者さんからすると、それは一歩間違えると嫌みになる。でも、森繁先生には、それがまったくない。森繁先生が演技してると、カメラがわっと迫る、そして演技が終わる寸前にね、フウッと退くわけよ。そうすると、最後にそれが印象として観客に残るでしょう。そこがもう天才的なの。見てればわかる。舞台だと、出演者はみんな、スポットライトが当たりたいと思っているよね。だけど、脇は絶対、脇でいなきゃならないんですよ。

　舞台だと、森繁先生の『屋根の上のバイオリン弾き』は、世界的にあれほど長く続いた例はないし、日本では最高のミュージカルだったわけだよね。だけど著作権などの権利関係がすごく複雑で、映像を出せないんですよね。だから、みんなそれを残念がってる。あれだけやってて、映像をとってあるはずなんだけど、なぜ出さないのかと。出さないのではなく、出せないいんじゃないかなと私は思ってます。

森繁先生の『屋根の上のバイオリン弾き』を、私は何回も見てるけど、歌がすごく簡単に、シンプルに聞こえるのよ。わかりやすく聞こえてくるのよ。だけど本当は簡単じゃないんだ。私は、「一九八五年七月五日」というサインが入っている『屋根の上のバイオリン弾き』の分厚い楽譜本を、森繁先生からもらって、持っているんだけど、めちゃくちゃ難しい譜面ですよ。それがさらっと聞こえてくる。やっぱり天才なんだろうね。

それと、私は同じミュージシャンとしてすごいと思うんだけど、あれは全部、東宝オーケストラが全て生オケでやったんです。カラオケは一回もない。

一カ月の公演とか、結構あったよね。地方公演では、一日に二回やることもある。森繁先生の声が枯れてきたり、風邪気味だったりすることもある。すると東宝オーケストラの指揮者は森繁先生のコンディションをキャッチして、本番でいきなり、オーケストラにキーを落とすように指示するんですよ。すると、一瞬でキーが落ちる。これは、神わざだよね。

だって難しい譜面で、しかもオーケストラで。でも森繁先生が、例えばCで歌っていた歌を、今日調子悪そうだとすると、一瞬のうちに、Bフラットにコードチェンジするんですよ。それができたから、『屋根の上のバイオリン弾き』はロングランになったんだと、私は思います。

私は音楽家ユニオンのリーダーをやってたものだから、東宝オーケストラのメンバーを知っていて、東宝ミュージカルや宝塚のいろんなおもしろい話を教えてくれるんだけど、森繁先生の『屋根の上のバイオリン弾き』の公演では、そういうふうにやったって。それで森繁さんは、後で気がついたんじゃないですか。今日はつらいのに、なぜか歌えたなって。いい話でしょう。

東宝オーケストラの組合が、ある時期、真っ二つに分かれて、大げんかになるんですよ。私が日本演奏家協会（通称「日演協《にちえんきょう》」といって今の日本音楽ユニオンの前身）の組織委員長、副委員長をやっていた時代でね。宝塚劇場のオーケストラピットの下に奈落というところがあって、そこでミュージシャン同士が、「殺してやる」というようなけんかを始めるんですよ。私は、両者の間に分け入って真ん中にいるけど、あちこちでけんかになっている。それで、出番になるじゃないですか。するとケンカを中断して、「行ってくるよ」

と言って、オーケストラピットに入って、見事に音楽を奏でるわけよ。私は、ミュージシャンって不思議だと思うの。「このやろう」「てめえ、ぶっ殺してやる」と言ってけんかしてさ、出番になると、ぱっと行って、きちっとやるの。これはね、やっぱり現場を見た者じゃないとわからないですよ。

そういう人たちが、森繁先生をサポートしたの。私は何回も見ているけど、これはものすごいことですよ。

ミュージシャンは、舞台がどのようにしてつくられるのかを、よくわかってるわけです。要するに、主役が引き立たないといけない。それで、脇役にも主役級の人がいっぱいいるけど、みんな脇役に徹していくというところに、『屋根の上のバイオリン弾き』のステージのすごさがあったね。

だから森繁先生は当然、すばらしく、すてきだったけど、周りもすてきだったと、私は思いますね。

舞台で泣く　歌で泣く

私は、『孤愁の岸』とか、森繁先生のいろんな舞台を何回も見ているけど、必ず泣く場所があるんですよ。それで、終わってから楽屋にあいさつにいくと、森繁先生が化粧を落としながら「どうだった」と聞くから、「うん、よかった」と答えるんです。そして「泣いたか」と聞くから、「うん、泣いた」と答えると、「わしも泣いてた」とくるんです。お互いどこで泣いたかはわかるから、そんなことは聞かない。これも、すごい世界ですよね。

男って嗚咽するでしょう。あれは絶対歌えないよね。涙だったら何とかやりくりできるけど。私も嗚咽したことが二度ほどある。お弟子さんのかわいがってたお嬢さんが突然亡くなったとき、もう胸がつかえちゃって、そういう場面がありました。

『知床旅情』のエピソード

話はかわるけど、一九六七年頃、私は全音から、ひき語りの本をシリーズとして出し始めたの。二十代で出し始めた私のそのシリーズ本は、ベストセラーになったんですよ。

第九集まで続いたシリーズの第六集を書いているときだったかな、「いま北海道でものすごくはやっている歌がある」って、北海道に行った学生や若者から私に連絡があったんですよ。私が探したら、森繁先生が歌っている『知床旅情』だったんです。

それで、よし、じゃあその曲を私の曲集の中に入れようと言って、入れたの。それを出版したとたんに、お登紀さんが『知床旅情』を歌って、爆発的に売れたんですよ。お登紀さんの『知床旅情』のレコードが爆発的に売れたおかげで、全音から出した私の曲集も爆発的に売れました。すごかったです。

団塊の世代が、学生時代に買った私の本

おもしろい話があります。ここ一、二年、結構年配の人から電話がかかってくるんです。おかしいと思ったらね、団塊の世代の人たちが、大学生のとき私の本を見てるということがわかった。

私の本が、何万冊と売れたわけだから、数万の人が私の本を見ていることになります。

音楽の本としては珍しいですよね。なんだかんだで、あわせて四十二冊書いたんだから。そしてその本をいまも持っている団塊の世代の人たちが、何万人かいるんですよ。そういう人たちが仕事をリタイアして、さあギターでもまた始めようと思ってギターを押し入れから出して、そういえば本もあったっけなと出してみたら、「原荘介」と書いてある。それで全音出版社に電話して問い合わせる。大体の人たちは、私が明治とは言わないけど、大正生まれで、もう死んでるだろうと思い込んで、まず生きているかどうか確かめるために電話しているみたいです。

編曲がとてもわかりやすかったし、白状しますが、私の六つ年上の女房は音楽的感性がすばらしくて、ジャンルを問わず、良い曲をキャッチする名人でした。選曲も良くて、きっと団塊世代の人たちがとびついたんだと思います。私が一生懸命編曲し終えた曲を一曲残らず必ず女房に聴いてもらってから出版社に原稿を提出しましたね。

こんなエピソードもあります。秩父に竹寺という、千年の歴史を持った神仏習合のお寺があります。この竹寺では毎年五月五日に「雨竹会」という講話会を催してきました。もう百回を超えていまして、何度か私も出させていただいています。最近は、ケーナ奏者でもある俳優の田中健さんを連れていって、一緒に演奏しました。その竹寺で、日本漢字文化センターというのを立ち上げて、私も理事になったんです。「あなたが望む今年の四字熟語」というのを募集して、その発表と揮毫をする会をやったんだよ。日本人三人と中国人一人の四人の書家の先生が、みんなの前で、今年の四字熟語「四海兄弟」を、それぞれ楷書、行書、草書、篆書の四書体で、揮毫したんです。なかなかおもしろかった。漫画家の里中満智子さんも選出委員長としておいでになってました。

揮毫が終わったら、一人の書家の先生が私のところに来たんですよ。印南渓峻《いんなみけいしゅん》という方で、初対面でした。不動前に行元《ぎょうがん》寺というお寺があって、そこの和尚さんです。豊道《ぶんどう》渓峻という名前も持っていて、お祖父さんが豊道春海《しゅんかい》、お父さんが印南渓龍という有名な書家で、龍門書道会を主宰している方です。その和尚さんが、すごい字を書くんです。

その方が揮毫し終わって、私のところにふっと来たんです。そして、「原先生ですか」と聞くんです。この人に先生と言われるのもちょっと照れくさかったんですが、「ええ、そうです」と答えたら、「私は大学生のころ、原先生の本を持っていたんです」と、本当に嬉しそうに言うんですよ。私は、仰天しちゃって、「ええっ」としか声が出ませんでした。印南先生はまさに団塊の世代です。それでこういう私の隠れファンみたいな人が他にもいっぱいいるんだろうなあと、思ったんです。

そしてなんと私は七十の手習いで、この先生に書道を習いはじめたんです。私は自己流で、大学時代に看板を書いてただけの市井派なんです。思いが実現して、現在、一週間おきに習いに通ってます。

「ラの音で泣く」

音が泣く。私たち演奏家は、ギターでも、トランペットでも、そのほかの楽器でも、「音が泣く」と表現するんですよ。泣くというのは、心に入ってくるということですよね。

またおもしろい話があるので、横道にそれるんだけど、ドレミファソラシドのラの音が、人の心を和らげる音なんですよ。永年、子守唄の研究をしてきて、気がついたのは、ラの音が一番多くて、次がシの音なんですよ。

メルセデス・ソーサというアルゼンチンの歌手が、横浜でコンサートをやったときに、大きなコンサートホールで、ギター一本の伴奏で全てを歌い上げる。すごく迫力のある人で、「大地の母」といわれてました。もう亡くなりましたけどね。

ソーサさんが、ある歌を歌ったんですよ。歌詞がないのにね、ライ、ラ、ラ、ライ、ラ、ライ……と歌うと、私はぼろんぼろん泣くんですよ。最後までライ、ライで歌うの。ラの音がほとんどなんです。ラララライ、ンンン、ラララ……。ラの音に戻ってきて、それを聞いてるだけで、泣くんですよ。きっと、ラの音は人間の心も動物の心もをやわらかくして、涙腺を緩めるんですね。

裏づけを一つ言うと、これもおもしろい話なんだけど、モンゴルの草原を舞台にした『ラクダの涙』というドキュメンタリー映画があるんです。

ある遊牧民の一家が飼っている一頭の母ラクダが白い子ラクダを難産のすえに産むんです。でも、母ラクダは、子育てを拒否して、白い子ラクダにお乳を与えない。子ラクダは母親からお乳をもらえず、このままでは死んでしまうので、音楽で母ラクダのすさんだ心を癒やすことになり、馬頭琴の演奏家を呼び寄せる。やって来た演奏家は、馬頭琴を母ラクダのそばで奏で、それに合わせて遊牧民の若いお母さんが歌うと、母ラクダがばっと涙を流して泣くんです。そして子ラクダにお乳を飲ますようになるんです。そのときの歌がね、ラの音なんですよ。おもしろい、不思議な話でしょう。地球上におけるラの音の研究をしている人が、いると思いますよ。

オーケストラのコンサートでは、演奏前にラの音でチューニングするじゃないですか。まずオーボエがラの音を吹いて、それをコンサートマスターが受け取って、みんながその音を元にチューニングしていく。あの音ですよ。

『ラクダの涙』はＤＶＤが出ているから、私は調べて、ちゃんとラの音が出てるのを確かめました。ほかの人たちに言うと、ええっとびっくりする。人や動物を泣かすのは簡単ですよ、ラの音を弾いたら泣くんだから。

「ねんねんころりよ、おころりよ」は、シとラのメロディーですよ。これが同じ江戸の子守唄でも、メジャー（長調）になるとあまり泣かないんだよね。半音下がったら、マイナー（短調）だね。大体泣く。泣くけど、心が穏やかになるんですよ。ギターのお弟子さんが、自分の子供に試したことがあるんだって。意味がわからずにね、江戸の子守唄をやると、必ず子供たちが泣いたというんだよ。短音階で歌うと泣くんですよ。この話はおもしろいでしょ。

北島三郎さんのこと

　また話は飛ぶんだけど、昔北海道放送のラジオ番組で北島三郎さんと松永伍一先生と鼎談をやったんです。一週間ぐらいやったのかな。私がベルギーにいるときだったので、帰国して、一挙に収録して、またすぐにベルギーに戻っちゃったんだけど。何十年かたって、北海道放送の常務が、録音を送ってきたんですよ。

　その収録をやったときに、前半と後半に分けて、途中休憩を入れたんだけどね、前半で北島三郎さんが、お父さんの話をしたときに、わあって泣き出したんですよ。これはカットして、放送しないようにしたんだけど、彼が休憩時間に、北海道弁で、「ちきしょう。なして俺、泣くんだべな」と、自分を怒るんですよ。それで私も北海道弁で、「子守唄は、心をごにゃごにゃにすんのよ」と返したの。そういう場面があった。

　喜劇役者としての森繁さんも、すごいですよね。落語家もすごいよね。落語家っていうのは、ものすごく笑わせておきながら、一転してとたんに泣かすからね。三遊亭鳳楽さんとこの間いっしょに仕事をやったんだけど、彼もそうなんだよ。すごい名人だよね。それが芸だと思うんですよ。

でも、ラジオで対談したときの北島さんのそれは、芸でも何でもない。もう、たまらなくて泣いたんだよ。「うわ、ちきしょう、なして俺泣くんだべ」と。

それはやっぱり、よっぽど私との鼎談の内容がシビアな話になったからだと思う。北島さんはもちろん歌がとてもうまいけど、やっぱりそういう意味ではすごい魅力的な人ですよ。ハートがいいね。親をあれだけ大事にしたというのは、すごいね。お母さんが、かなり前に亡くなって、お父さんも亡くなりましたけどね。

もう一回録音を聞いてみようと思うけど、泣いている部分はカットしてあるからなあ。そのラジオ番組は、ベルギーにいたころ、一九九二年のことです。今から二十五年ぐらい前ね。もうそんなになるんだね。でも北島さんと会えば一瞬のうちに、思い出してくれて、ああ、と言うと思うよ。私が北島さんのマネージャーに時々出会うと、「どうも、北島のマネージャーです」と、あいさつしてくれます。

「歌は語るがごとく歌い、語りは歌うがごとく語る」

有名な『銀座の雀』という歌、この譜面はめったにないと思うんだけどね。こんな譜面を書ける人は、おそらくいませんよ。ここに二番も書きたかったけど、書くとごちゃごちゃするから一番だけにした。

この歌は、野上彰の作詞、仁木他喜雄の作曲です。仁木さんは新交響楽団（後のＮＨＫ交響楽団）でティンパニを叩いたり、日本コロムビア管弦楽団で指揮をしたりした人でね、森繁先生が「一番怖かった」と言った人ですよ。

「たとえどんな人間だって、心のふるさとがあるのさ。おれにはそれが、この街なのさ。春になったら　細い柳の葉が出る。夏には雀が、その枝で鳴く。雀だって唄うのさ、悲しい都会のちりの中で。調子っぱずれの唄だけど、雀の唄はおいらの唄さ」、これが導入の語りの部分なんです。そして、「銀座の夜、銀座の朝、真夜中だって知っている」って歌っていくわけですよ。これをつくるときの逸話を森繁先生から聞いたんです。これがおもしろい。

銀座の雀
野上彰 作詞
仁木他喜雄 作曲
たとえどんな人間だって 心のふるさとがあるのさ おれにはそれがこの町なのさ
春になったら 細い柳の 葉がある 夏には雀がその枝で啼く 雀だって 唄うのさ
悲しい都会の ちりの中で 調子っぱずれの 唄だけど 雀の唄は おいらの うたさ
ぎんざのよる ぎんざのあさ まよなかだって しっている
すみからすみまで しっている おいらは ぎんざのすずめなのさ
なつーになったら なきながーら わすれものでもしたように
ぎんーざはっ なうとびーまわる それでおいらは うれしいのさ

あるとき森繁先生が仁木さんに呼びつけられて、とてもおっかない人だから、森繁先生も「はい」っていってステージにいってみると、オーケストラの団員がそろって稽古をしていたんですって。そうしたら、まだ作曲されてない野上彰の詞をぽんと渡されて、「歌え」って言われたんだ。仁木さんは怖い人だから断れない。

そしてオーケストラがわっと音を出したの。私はどうもそれがね、ラの音じゃないかと思うんだけど、「歌え」ときたもんだから、おっかないし、怖いしで、適当に語るように「たとえどんな人間だって」と始めたんだって。これがね、歌の真髄ですよ。

つまり森繁先生がしょっちゅう私に話してたし、またいろんなところで言ってると思うんだけど、「歌は語るがごとく歌い、語りは歌うがごとく語る」、ということです。この歌で、私は納得がいったんです。本当にそうだと思う。

作詞家と作曲家

いずみたくさんと、中村八大さんの歌のつくり方が違うと言ったことがあったけれど、それが、いま話したことなんですよ。つまり私なんかは、歌をつくるときは、はじめに言葉ありき、なんですよ。必ず、詞を読んで、詞のイントネーションで私は歌をつくっていく。詞がまずあるわけ。だから著作権協会でも、作詞家の方が偉いんですよ。上下関係があります。「おい、おまえは」と作曲家に言うくらい、作詞家は偉いんです。と、まあこれはあくまでも私個人の憶測です。

だから、はじめに言葉ありきでつくるいずみたくさんの方が、一般の作曲家なんですよ。八大さんは、ピアノもそうだけど、明らかな天才ですよ。石井好子さんも、「八ちゃんは、あの人はもう少年のころから天才だった」といっていた。

永さんも、まず八大さんの曲があるといっていましたね。詞をつくるとき、けんかばっかりしてたと言うんですよ。八大さんが、「永ちゃん、それは違うよ」というと、永さんも、「いや、違うよ、それは」と応じる。よくその話を聞いたよ。永さんは、「僕のは詞じゃないんだ、言葉をはめてるだけなんだ」と言っていましたね。

来生たかおさんというシンガーソングライターがいたんだけど、彼のお姉さんの来生えつこさんが、はめ込みのうまい人だったんだね。来生たかおさんがメロディーをつくると、言葉をぱっと入れていったんですよ。だから、来生たかおさんは天才的なところがあるんだろうね。『夢の途中』とか、結構売れた歌をつくってる。詞を書いたお姉さんの役割が大きかったみたい。

だから八大さんだけではあんなに有名にならないでしょう。やっぱり永さんがいて、永さんが悪戦苦闘したかどうかわからないけれど、はめ込んでいって、歌ができあがったのでしょう。だから、永さんの役割はすごいと思いますよ。

永さんいわく、「僕の歌は、中村八大さんと組んだ『上を向いて歩こう』じゃなくて、いずみたくさんと組んだ『見上げてごらん夜の星を』なんだ。『上を向いて歩こう』は、『Ｓｕｋｉｙａｋｉ』という名前で、曲が全世界を走ったけども、僕には入ってこなかった」と。

「すべての作品は剽窃か、あるいは革命である」――ゴーギャン

いま、盗作だとかが問題になっていますが、でも、どんな曲だって当たり前だというの。人間が、たった八つしかない音の中でつくるんだから。昔、大橋巨泉さんもそういうことをちょっと指摘してた時がありましたね。

それから、お登紀さんがつくった『いく時代かがありまして』という歌を、野坂昭如さ

んが、あれは盗作だ、言葉を盗用していると言ったんです。つまり、中原中也の作品に『サーカス』という詩があるんですよ。「幾時代かがありまして、茶色い戦争ありました」から始まります。お登紀さんはその言葉を、はっきりと中也の詩からもらったと宣言してつくった歌が『いく時代かがありまして』なの。とてもいい歌なんだけど、それに野坂さんがけちをつけたんですよ。だけど、誰も乗ってこなかったね。だってはっきり「私は中原中也の詩が好きで、『サーカス』が好きで、その出だしをもらいました」と言ってるわけだから、それを盗作だと騒ぐことはないいんじゃないかなと思うんだよね。

私が二十六年かけて収集し、何回も文化庁に足を運び報告をし、文化庁が貴重な資料として認めた、子守唄の集大成『日本の子守唄』（CD全八巻）に付けた森繁先生との子守唄についての対談があります（本書所収）。ここに、森繁先生が、「すべての作品は剽窃《ひょうせつ》か、あるいは革命である」というゴーギャンの言葉を紹介しているでしょ。私には「剽窃」が「小説」に聞こえたんで、改めて質問したら、「おまえは何も知らんな。剽窃、盗むことだよ」と教えてくれました。つまり、物事の全ては、まねから入るんだということだよね。

森繁先生がくださった言葉

森繁先生から、私は幾つか言葉をいただきましたが、その中に、好きな言葉があるんですよ。これは『旅びと』という詩です。

詩人は孤独なもの……。
その孤独にひたりきって、不思議な満足をしている時が生き甲斐と云う。
淋しさに耐え切れなくなると、ヴィオロンをかきならし、道ゆく人に訴えるのだ。
人が聞いていようと、どうでもいいのだ。
〝旅びとよ、逢う人にほほえむがよい、みんな淋しいのだから……〟

この詩がものすごく好きなんですよ。これはね、私のエッセイ『ギターを担いだ中年の渡り鳥』（芸術現代社、一九九二年）の巻頭にいただいた詩です。まだ曲は付けてないけれど。
森繁先生は、『風来旅日誌』（武内印刷出版部、一九九九年）にも「ふしぎな　男!!」という序文をくれました。

この人は、旅の放浪人《さすらいびと》とでも云うか——。日本は勿論、ヨーロッパの國々を廻って、〝原さん〟を知らしめた。

不思議な人物だ。

今から三十年程前になるか。……とある酒場で知りあった。私の伴奏をしていた浜坂君のお弟子さんだという。

ひとなつっこい性格でギターを弾いて友達になる——そんな人だ。

こんど何となく友達だった連中が集まり、歌い、飲んで会をやったら、これも見ものだろう。

「浜坂君」というのは、有名なギタリストで、本も多く、日本演奏家協会と日本音楽家労働組合が統合してできた日本音楽家ユニオンの代表委員をやった人です。私を巻き込んで、日本の音楽家の労働組合を統合し、バックミュージシャンの地位向上に努め、音楽家の著作権保護に尽力した人なんだ。私のギターの師匠なのですが、コロムビアで森繁さんの伴奏をやってたのです。

あと、私が一九九五年一月九日にやったステージデビュー二十周年記念リサイタルのプログラムにいただいた「友よ頑張れ」という言葉がある。これがまた温かくて、素晴らしいんだ。

友よ頑張れ

日本ではお客はそう沢山はいないだろう。
バーで弾き語りをやっている時は、それでもお客はいたが、
私もそこで知り合ったのだが、むしろ日本の片田舎あたりに、
かくれたファンがいると思うが、それよりも彼がギターを下げて
ヨーロッパのあちこちを廻ると、わぁーッと集まってくる人達がいっぱいいるそうだ。
彼は向こうでは外タレで有名なギターの語り手だ。
家に遊びに来ても無料の故か、ほとんど聴かせてくれない。
今度は新宿の安田生命ホールだから、うんとお客は来ると思うが、
私も嬉しいので大いに提灯持ちをしなければ彼に済まない。

出来得れば、世界で聴いた珍しい歌をうんと歌ってほしい。

それが荘介君、私ばかりではない皆の希望だろう。

（原荘介二十周年記念リサイタルのプログラムへのメッセージより）

この言葉、私が最初に話した森繁先生との出会いと符合するでしょ。

耳が聴こえなかった森繁先生のゲスト出演

この二十周年記念リサイタルには、森繁先生もゲストで来てくださって、会場が超満員になって、お客さんが入りきれなかったんですよ。そのおかげでリサイタルも、とてもすてきなものになったんだ。

でもそのとき森繁先生は、耳が聞こえなかったんですよ。それで、一切の舞台に出ないということになってたの。周りもみんなそう言っていたんだけど、荘介のためだということで、「俺は出る」といって、周りの反対を押し切って、私のリサイタルに駆けつけてくれた。そのときにどうやったかというと、「わしは歌えないんだから、おまえが歌え」と。歌は、「大砲としゃれこうべ」だ。「大砲の上にしゃれこうべが、うつろな目をひらいていた。しゃれこうべが、ラララ、いうことにゃ、鐘の音も聞かずに死んだ」。これが一番なんですよ。そして、「わしは聞こえないんだから、歌ったらわしに目で合図をくれ。そうしたら、わしがつくった物語を語るから」と。

それでね、ステージで一番を歌い終わった後、目で合図をすると、ケンタッキーのあるところに男三人の兄弟がいたと始める。長男が、まずヨーロッパのどこかの戦争で死んじゃうんですよ。話し終わると、私に合図をくれて、私が二番を「雨にうたれ、風にさらされて空のはてをにらんでいた。しゃれこうべが、ラララ、いうことにゃ、おふくろにも会わずに死んだ」と歌っていくんですよ。それで二番を歌い終わって、私が合図すると、今度は次男がベトナムの戦争で死ぬんですよ。また話をしてくれて、私が三番を「春が来ても、夏が過ぎても、誰も花をたむけてくれぬ。しゃれこうべが、ラララ、いうことにゃ、人の愛も知らずに死んだ」と歌い終わって、森繁先生に合図すると、三男も戦争に行って死んでしまうという話をするんです。結局兄弟三人とも死んでしまう。森繁先生のつくった話なんだよ。こういう風に、ステージで森繁先生と、歌と語りのやりとりをしたの。すてきなステージだった。このステージは、コロムビアで永久保存版にしてあるはずなんだけど、リリースしてくれない。コロムビアの経営者も今はかわってしまったし、どうなっちゃっただろう。

この話は、森繁先生との大事な思い出です。

それで、二十周年のリサイタルが終わって間もなく、私はベルギーに行って、またすぐ帰ってきた。一九八八年から十一年間、一九九九年まで、行ったり来たりしました。

映画生誕百年を記念して、一九九五年二月六日に日本映画批評家大賞授賞式というのを、千葉の幕張メッセでやったんですよ。森繁さん、京マチ子さん、青山京子さん……そうそうたる俳優さんがみえてました。その頃、映画評論家の水野晴郎さんと私は仲よくしてました。水野さんが「お願いがある」と言うから「何」と聞いたら、「セレモニーの一番最初に、スクリーンに『禁じられた遊び』の映像を流すんだけど、生で弾いてくれ」って。私は「いいよ、やるよ」と。大きなスクリーンの前で、気持ち良かったです。

水野さんはおかえしに、中野ゼロの大ホールでの、ピアノとのデュオでやった映画百年CD発売・記念コンサートにゲストになって、盛り上げてくれました。

『日曜名画座』で

森繁先生とは二人でよく散歩したんですよね。いっしょにいて、そういう心のリハビリをしたりするのが、とても楽しかった。

NHKのラジオ番組に、森繁先生が加藤道子さんとやっていた『日曜名作座』というのがあって、収録しているところによく遊びに行ってたの。あるとき私がベルギーからふらっと帰ってきて、収録スタジオに遊びに行きますと連絡を入れておいたんだけど、行ったら、ちょうど収録していた。私は隣のミキシングルームにいて、黙って、休憩になるのを待ってたの。

『日曜名作座』は長寿番組だった。世界記録になるぐらい。私が遊びに行ったとき、ちょうど日本の琵琶法師がスパイ活動をしていたという物語だったんだ。それで休憩になって、加藤道子さんが立ち上がって席をはずしたら、森繁さんは私が来ているのをわかってて、しばし座ったまま黙っててね、それから「日本にもいるんだよな、楽器持ってスパイやってるやつが」というんだよね。

ピンチでも演技

もう一つおもしろいエピソードがあってね。森繁さんが帝劇の一カ月公演という大きなステージを控えて、腰を痛めて動けなくなるんですよ。もう、歩くのがやっとになっちゃってね。それでいろんなところで診てもらったんだけど、よくならない。公演が中止になりそうだと、マネージャーから連絡があったの。それで、電話で連絡を取り合って、「じゃあ私に任せて下さい。私があるところへ連れていきます。だめもとでやってみよう」ということになって、仕事をしていたＮＨＫまで迎えに行きました。森繁先生は仕事を終えて、ＮＨＫの西口の玄関まで、よたよた歩くんだけど、もうステージをやれるような状況ではないということははっきりわかった。

それで、森繁先生をうまく言いくるめて、先生の愛車のリムジンに一緒に乗って、私は吉祥寺の駅のそばにある十字式健康法というところに連れて行ったんです。

私は「先生、とにかくだまされたと思って私の言うことを聞いて下さい」と言って、予約もなしで行ったんです。腰を痛めて思うように動けない森繁先生を、やっとのことで車から連れ出して、運転手に「ちょっとしばらくそこら辺をうろついといて」と言ったの。大きな車だから、駐めておけないの。そして森繁先生を支えながら、室に入りました。

そこに百人ぐらい待っているんですよ。入っていったら、みんな、あんぐりです。おじいさんが入ってきたとそっちをみたら、森繁先生ですからね。森繁先生は、「ああ、皆さんどうも」と言って、「これからまたＮＨＫの方にもどりたいのです……」とごそごそ言ったら、「どうぞ、どうぞ」と、百人ぐらいの人が、みんな順番を譲ってくれたんですよ。それで、「ああ、皆さんありがとうございます」と言って、施術室に入って行ったら、治療の先生が中国の方だったんですよ。

森繁先生がどういう人か知らないもんだから、二人でよたよた入っていくと、何も聞かないで「座りなさい」と命令するのです。森繁先生が背中を向けると、何も言わずに拳を背骨に軽くパン、パン、パンと当てる、それを、二〇秒ぐらいやったんですよ。終わったら、森繁先生に、「立ちなさい」ってまた命令したんです。森繁先生が立つと、こんどは「歩きなさい」と、また命令する。すると、歩けるようになってた。

びっくりしましたね。すごいとは知ってたけれど、ほんとに驚いた。施術のとき、森繁先生が、素直に命令に従う姿がおかしくておかしくて、内心笑っちゃった。

施術が終わって、帰るとき、また順番を待っている人たちの並んでいるところにいったら、「皆さん、どうも、どうもありがとうございます」と言って、しっかり歩けるようになりました。それで一カ月の公演をやり通すことができたのです。

その一ヶ月の公演は、『屋根の上のバイオリン弾き』だったかなあ、別のだったかなあ。帝国劇場だったのは間違いありません。

ギターを弾く手

森繁先生は肉が大好物でしたので、最初に話した「よしはし」というすき焼き屋さんには、よくお見えでした。

私がギター演奏をしていた隣の「グロスボー」にも、森繁先生はよく顔を出してくれました。会うたびに私に言いましたね。「おまえは、『よしはし』の女将とどういう関係なんだ」と。本当に仲よかったですから。女将は私の三つほどお姉さんでしたけど、六十五歳で亡くなったんです。ほんとによく面倒を見てもらいました。

お店が入っていた青山のビルを建て直したので、引っ越して、今は元赤坂で娘さんが「よしはし」をやってます。「グロスボー」は私たちの青春の場でした。そこで、児玉清さん、杉浦直樹さんや、いろいろな人と仲良くなりました。でも、もうほとんど亡くなってしまい、淋しいですね。

野球の金田正一さんも時々おいでになり、私が「グロスボー」で弾いているときにつくった「黒い猫」という歌を、「これ、世に出そうよ」って一所懸命言ってくれたことがありましたね。私も好きな歌で、時々コンサートでも歌います。歌うと、金田さんや、そのころの仲間のことを思い出します。

ある時金田さんと手を比べたことがあるんですよ。大人の手と赤ちゃんの手ぐらい違う。二関節近いぐらい大きかった。だけどガッツ石松さん、あの人と手を比べたときはね、びっくりしたよ。もっと大きかったんだから。グローブみたいでとっても可愛い感じの手でした。

そのガッツさんが、「ギター弾けるかね、俺」って言うんです。指がものすごく太かった。でも「本当に弾けるかね」と言うから、とっさのことで、つい「大丈夫だと思います」と答えちゃった。これは何かの会で一緒になったときの話です。ガッツさんはおもしろい、とても感じのいい方でした。

私はウクレレがちっちゃくても弾けますけど、あの人が普通のギターを持っても、はばける（「はみ出す」という意味の北海道弁）かもしれませんね。指がほどよく長く、ほどよく太い、そういう手がギターを弾くのにいい。でも私の指はとても短いんです。

何でもほどよくないとね。私が地方で公演したときなんか、ステージが終わってから、「僕は手が小さいんですけど弾けますか、大丈夫でしょうか」と相談に来る人がけっこういるんです。それで手を私と比べると、高校生でも私よりでかいですからね。みんな、ぎゃあっと言うんですよ。どうして弾けるのかというから、私は説明するんです。ギターのネック（指板《しばん》のある棹）の持ち方を、工夫しているんですよ、と。だから、向こうから見ると、手がでかく見える。私は手が小さいから変則的な持ち方をするのは、しょうがないです。それでも外国の曲を弾こうとすると、指が届かない。向こうの人は手がでかいですからね。さあどうするといったら、そういうときはその音を弾かないで、これに変わる音がどこかにあるはずだと一生懸命探します。

ギターの名手は、みんな私より指が長いんですね。一人、私と同じくらいの大きさの手の人がいます。世界的ギタリストでね、佐々木忠さんといいます。彼は、ケルン音楽大学アーヘン校の教授をやっていたんだけど、いまは退任している。私とはとても仲良しですよ。いろいろなお弟子さんを育てて、その中の一人は世界一になった。いまもドイツにいるんだけど、歳は私と同じくらい。ドイツで教えているときに腱鞘炎になってね、私のところへよく遊びに来ていたので、どこかへ治しに行かなきゃといって、私があっちこっち連れて行ったんだけど、治るのに九年かかりましたね。治ってから、私が一年おきにずっと日本に呼んだんです。すばらしいギター奏者ですよ。彼は手が小さい。小さいけどすごい名手、素晴らしい演奏家。手の大きさというのは、ある程度ごまかしはききます。ただ、無理しては壊れますね。無理しないことです。

久世光彦さん、香西かおりさんとの仕事

先ほど話したけれど、一九九二年三月二十一日、ニッポン放送のラジオ番組で、森繁先生から呼ばれて、出演したんです。ゲストにいろんな人が来て、お話をして、歌を歌う。それに合わせて、私が即興で弾いたの。その番組を制作していた久世光彦さんが見て、びっくりしたらしいんですよ。

その後、久世さんから連絡があり、香西かおりさんのリサイタルを一九九二年十月十六

日に開くけど、私のギター一本の伴奏でやりたい、舞台美術は、朝倉摂さんに頼んである、小規模だけど、本格的なリサイタルだ、と言うんです。私は、日にちを聞いて、その日程だと、ベルギーに帰ってなきゃならないので、「大変申しわけないけど、できません」と断ったんです。

そうしたら、また久世さんから電話があって、「何とかなりませんか」と言うから、「だめです」と答えたんです。そしたらこんどは森繁先生から電話があって、「おまえ、やりなさい」、「久世の仕事を断ったのはおまえだけだ」と言う。御大の命令には逆らえないので、しかたなく、「じゃあ一週間ずらします」と言って、香西さんの伴奏をやった。そしたらこれが、とてもおもしろかった。

彼女は民謡から入った歌手ですが、民謡、童謡、何でもうまいんですよ。シンセサイザーを薄くバックで響かせて、基本的に私のギター一本で、全曲を伴奏したんです。私にとっては大仕事でしたね。

後でわかるんですけど、久世さんは川内康範先生のブレーンで、そのことを、私は知らなかった。久世さんが亡くなってからわかった。私のところに、出版社から本を送って来たんですよ。見ると、「月光仮面」など、特に川内康範先生のことを書いた本だったんだけど、その本の帯に久世さんが推薦文を書いてたんです。その本を、久世さんが亡くなってから出版社が送ってきたんです。その中には、自分が川内康範先生の弟子だということも書いてるんです。

もうひとつ別な話です。ＪＡ、農協には、各地で行われる盆踊りがあるんです。平成六年（一九九四）のＪＡ音頭を、私が作曲しているんですよ。詞をＪＡが全国から募集して、一番いい詞に私が曲をつけました。香西かおりさんに歌ってもらいました。そのＪＡ音頭は一般に発売されなかったけれど、振り付けもあって、全国の農協の盆踊り大会で使われました。歌は香西かおり、タイトルは『くりりん音頭』でした。そしてＢ面がＮＨＫの元「歌のおにいさん」たいらいさおさんが歌った『小さなおまえに』。

原荘介さんのこと

森繁　建

私は、父、森繁久彌が亡くなるまで、原荘介さんと父との関係は、詳しく知らなかったんですよ。ただ、いつもコンサートの案内が父のところに来ていたので、一度行ってみたいなと思っているうちに、父が亡くなってしまいました。

父が亡くなってしばらくして、原さんに電話をして、「お骨が家にある間にお越しいただけますか」と言ったら、ギターを持っておいでくださいました。そしてお骨の前で、『月の砂漠』をいきなり歌われて、家族みんな大泣きしたんです。それから原さんとのおつき合いが始まりました。

原さんが父と長年のつき合いがあったこと、原さんが川内康範さんともおつき合いがあったことを知ったのも、父が亡くなった後です。「康範のおっさん」はよく家に見えていましたが、あの方は、売れるまで、我が家で半居候みたいにしてた時期がありました。だから、川内さんは怖い人だけど、父の前ではおとなしい人だったということを原さんに言うと、話が弾んだことがあります。

私は父の歌が大好きだし、父の歌の思い出がいっぱいあります。父が原さんと長くおつき合いしたのも、歌が縁だったと思います。そして私が原さんと、まだ短いけれども、濃密なおつき合いができているのも、根っこのところで父の歌によって結ばれているからだと思います。

流転する人間の唄

森繁久彌　原　荘介

調子っぱずれで教えられた、ばあやの子守唄

荘介　お久しぶりでございます。今日は森繁先生の子守唄の思い出とか、「私と子守唄」というテーマでお話を伺えるとうれしいのですが。どんなお話でも結構です。子守唄にまつわることであれば……。

森繁　子守唄ってのは……、ぼくの子供の時には特に子守唄はなかったんですね。

荘介　ええ。

森繁　まあ、あったといえば、ねえやが、あるいはばあやが歌ってくれたかなあ。

荘介　はい、はい。

森繁　そのうち学校へ行って、その唄の正しいのを習ってきてね。「調子っぱずれでばかり教えちゃいやだよ。ぼく間違えて笑われた」ってぼくがいうの。とてもおかしかったろうなあ。そりゃ、おばあちゃんだって調子っぱずれで教えてるわけではないけどね……。

荘介　アハハハ……。おばあちゃん、そのばあやさんが歌ってくれたのを習ったわけですか。

森繁　いやいや、おばあちゃんはね。「ねんねんころりよ〜、おころりよ〜」と……。

荘介　江戸子守唄ですね。

森繁　でもね、あんまりばあやの背中では聞かなかったですね、ぼくは……。非常に印象に残ってるのは、「金剛石も磨かずば〜〜真の徳をあらわるれ……」というの。わたしの子供達もそれで大きくなった。調子っぱずれで教わったからね。頭にこびりついて困ったよ（笑）。

荘介　その唄を先生が子供さんに歌ってあげたんですね。
森繁　そうですよ。おばあさんが眠らすときに、それを歌うんですよ。
荘介　この間ですね、私、ＮＨＫのラジオで一時間ほど予守唄のことをしゃべったんです。そしたら、どっさり手紙が来て、特におばあちゃまたちからの手紙が多くて……。その中で特に多かったのがモーツァルトの子守唄や、ジョスランの子守唄を聞くと、六十数余年前のことを、つい昨日のように思い出すと同時に、母の背中を思い出しますという手紙でした。
森繁　うん、うん。ぼくらもそうだったですね。「ねむれ、ねむれ〜母のむ〜ね〜に」。それから「ねむれ、よい子よ、庭やまきばに〜」。
荘介　ブラームスの子守唄ですね。
森繁　みんな歌ってましたね。
荘介　だから、そういうある意味でいい時代の背景があって、その時に自分たちが歌った唄が、自分たちの子守唄だったたって……。そんな内容の手紙がずい分ありました。今の若い人達に、「君達にとっての子守唄は、な〜に?」って質問しても、明快な答えが返ってきませんものね。ある意味では、ちょっとかわいそうだなあっていう気もするんですけれど……。

森繁　ぼくの頃も、かわいそうだったね。というのは、何しろ背中にしばられてるんだからね。子守唄もききましたけれどね……。すると、ビンツケのにおいのする頭……くさいのでいやだったねえ。

荘介　いまはあまり、こう、おぶる（背負う）ことをしないですね。最近のお母さんっていうのは、背中でなくて前の方、腹にかかえてるんですね……（笑）。子守の仕方自体もかわってきてるんですからね……。

旅をしながら、その土地によって変わる子守唄

荘介　話は変わりますが、むかしの子守唄は悲しいことばが多かったでしょう。私はその悲しい残酷なことばにひかれてやってきたかんじですけど……。でも、ものす

ごくいいことばの子守唄もあるんですよね。ぼくが、とても好きなのは「沼津の子守唄」なんです。

森繁 ほんとうに子守唄は残ぎゃくだよね。山の家は火事だって……。山の家はかいかいかち……火事だという意味なんだけど……。あとここではちょっとはばかるけれど、外部からせめてくるぞ、というおどかしのことばがあったりね。

荘介 先生、竹田の子守唄ってありますでしょう。あれはまだ、どこの子守唄ってはっきりきめつけられないんですよ。豊後竹田なのか、京都の竹田なのか、またはほかの竹田なのか……。それぞれのおかれた状況やことばの意味などから、たとえばあまりにも貧しい表現とかが出てきますでしょう。諸説がありますが、私はむかし書いた曲集本の中で、私の勝手な思い込みかも知れないけれど、多分、大分の豊後竹田なのではないだろうかって、解説を書いていています。それからまたまた話が変わりますが(笑)、先生。「島原の子守唄」のルーツをご存知ですか?

森繁 いや、知らないね。

荘介　山梨県の「縁故節《えんこぶし》」なんです。「縁で添うとも、縁で添うとも〜、柳沢〜いやだよ〜」。

森繁　そう？

荘介　その唄が、石切り職人さんと一緒に千数百キロの旅をするんですね。それをもとにして宮崎康平さんが作ったんだという説なんですよ。

森繁　宮崎康平さんは、自分が作ったって言わないよ。

荘介　かなり前に、新聞で読んだんですが「あれは盗作だ」って訴えようとした人がいて、その時に宮崎康平さんが「山梨にこの唄と似たのがあるらしい」なんて言ったとか、そんなことがありました。数年前に山梨放送が開局記念ラジオ番組でそのことを取り上げ、追跡したことがありました。私は子守唄に「盗作」っていう言葉は使ってほしくないんですよ。だってね、子守唄は人と一緒に旅をするわけですから。

森繁　盗作でもなんでもないよね。

荘介　そして、どんどん生まれ変わっていくんですからね。

森繁　私の大好きな言葉があります。それは、ゴーギャンの言葉で「すべての作品は剽窃《ひょうせつ》か、あるいは革命である」。いいね、この言葉は。

荘介　剽窃っていうのは？

森繁　盗むという意味なんです。例えば、私の『知床旅情』をね、剽窃だなんていう人がいるんですけれどね。でもね、どんなことだって記憶にあるものしか出てこないでしょう。

荘介　そうですね。子守唄も、その土地その土地でいろんな人達に歌われながら、その土地に合った言葉にすりかえられたりして、姿を変えて味を加えていくわけですよね。

森繁　人間の一番敏感な子供の頃。それも二〜三歳の子供たちの神経の中で、強烈にやきつけられるものなんです。

荘介　まさに人間の原点ですね。

《荘介からひとこと》

大好きな、師とも仰ぐ森繁先生から、私はずい分多くのことを学びました。夢中になって世界中をさまよい、飛び回っている私ですが、突然、それも、無性に先生に会いたくなり、遠い空の彼方から思いを馳せる時があります。いつも何かにチャレンジしている、常に「芸」に対して、貪欲な追求心を怠らない姿勢……。私は側にいるだけで、先生のそんなエネルギーを体にびしっと感じます。

「唄」は語るがごとく……、「語り」は歌うがごとく……。

先生のこの言葉を大事に、ステージの上で自分にいいきかせております。

（『日本の子守唄』［CD八巻＋冊子二冊］の冊子「鑑賞アルバム」、日本通信教育連盟、一九九二年、より。以降、本書については『日本の子守唄　鑑賞アルバム』と記す）

第2幕
〝義〟に生きた作家・川内康範さん
「人のためにすることは、すべて愛なんだ」

川内康範（かわうち・こうはん）
一九二〇—二〇〇八。作詞家、脚本家、作家。『月光仮面』原作・脚本として知られる他、作詞家としては『骨まで愛して』『誰よりも君を愛す』『花と蝶』『君こそわが命』などが有名。著書『田中角栄は国賊か』『生涯助ッ人　回想録』等がある。

出会い

川内康範先生との最初の出会いは一九六三年ごろ。寒かったから暮れ近くだな。新宿の、いま区役所通りっていうんだけど、あの通りにまだ風林会館もなくて寂しい時代に、ずっと大久保寄りの方に東京カントリークラブの「マツムラ」というお店がありました。東京カントリークラブは当時東京で有数の高級社交クラブだった。私が勤めていた東海汽船の船を借りきってパーティーをやったりしたもんだから、その経営者が東海汽船の宣伝課長だかと知り合いで、私のことが話題になって、「土曜日だったら演奏できるよ」と言ってくれました。それで、東海汽船の社員のときから、土曜日の夜遅くに「マツムラ」で、私はギターを弾き、歌ってたんですよ。

あるときすごみのある、眼鏡を掛けた人が私を呼んで、「おい、この歌を歌ってみるか」と言うんですよ。楽譜には『骨まで愛して』と書いてありました。それで「俺の親戚に、菊地正夫という歌手がいるんだけど、今度この歌で再デビューするんだが、ちょっと歌ってみるか」と言われ、その場で私は歌ったんです。私に声をかけた人が川内康範先生で、菊地さんという歌手は後の城卓矢さんでした。

そのクラブでは、私はアルゼンチンの歌とかラテンの歌しか歌ってませんでした。だけど演歌の楽譜をわたされて、初見《しょけん》ですぐに歌ったもんだから、気に入ってくれて、そこから、つきあいが始まったんです。

当時そのクラブで、野坂昭如さん、野末陳平さん、売れっ子作家だった梶山季之さんとかと知り合いになりました。ウクレレ漫談の牧伸二さんともそこで出会い、ずっと仲良くしてくれました。とにかくいろんな人がそのクラブに来ていましたね。私のアルゼンチンのフォルクローレを聞きながらクラブの女の子と踊ってた連中が、そのころいっぱいいたんです。そういうところで川内先生との不思議な出会いがあり、それから約五十年可愛がっていただきました。

東海汽船の労働組合

私は小樽商科大学を卒業して、四月に東海汽船に入社しました。そしたら、いきなり、東海汽船の労働組合のリーダー格に私が推挙されたんです。自由選挙制といってね、拒否権がない。私が立候補して組合の役員になったんじゃなくて、あいつは元気よさそうだから、あいつを組合の役員にしろということです。ユニオンショップ制だから、拒否すると会社をやめなきゃならないような仕組みになっていて、しょうがなくてやりました。拒否権がないもんだから押しつけられちゃったんです。

実は、組合役員の誰も知らなかったんですが、私の父親の親友のOさんが当時社長をやってたんですよ。Oさんが同和鉱業系の同和興産からきた人で東海汽船の社長をやってて、私が入ったわけです。だから立場上、組合活動なんかやっちゃだめなんですよ。うちの父親にも、「絶対労働組合活動なんかやめろよ」と、くぎ刺されてました。それなのに労働組合の役員に選ばれたもんだから、会社やめなきゃならないと思って、以前からよく遊びに行ってたOさんの家に行って、「おやじに言われてるんで、会社やめます」と言ったら、Oさんが「やめる必要なんかないよ。人生いろいろ勉強だから、やんなさい。そのかわり、いいかげんなことはやっちゃだめだよ」と慰留されたんです。おっかない人だったんです。

ところが、結局、元気がいいもんだからさらに上部団体の全日本海運労働組合連合会（略称、全海連）という日本全国の海運労働者の組合の連合組織があって、そこの内航オーナー、初代専門委員長になるんですよ。二十五歳になったときじゃなかったかな。でも結局大手の日本郵船や三井船舶（後の商船三井）など、大手の労働組合が決めることに、東海汽船ごときがついていけるわけがないんですよ。一部上場とは言いながら。何かギャップがありすぎて、なかなかうまくいかなかったですね。

昭和三十九年（一九六四）が東京オリンピックだったでしょう。オリンピックが終わって、日本に大不況が来たんですよ。そのときに東海汽船も、不況の影響をすごく受けました。社長に経営責任をとれと迫って、結局私が、社長を追い出すんですよ。ところが、社長を追い出そうとすると、組合の役員の連中は、みんな私があまりにも過激だから怖くなってね、私のことを裏切るんです。私が社長の世話で入社したことなど知るよしもなく決めたことを、みんな勝手に覆したりするもんだから、私も嫌になっちゃってね。それで四年間で東海汽船をやめました。ただ組合専従をやりましたので、組合のすごさはよく知っています。しょせん私はサラリーマンには絶対向いていないんだと自覚しましたね。

再会

それで会社をやめるときに提出した私の退職願というのが、東海汽船始まって以来のおもしろい文書だったんですよ。「私はサラリーマンに向いていないので、サラリーマンを廃業します。万が一サラリーマンに復活したいと思ったときには当社に戻る」と書いたんです。もう重役たちが、みんなおもしろがっちゃってね。

そのとき退職願を提出した社長が尾上浩彦さんという人で、「財界の異端児」と言われたものすごい豪快な経営者でした。組合のリーダーだった私と大げんかしたんです。ぶん殴り合いまでは行かなかったけどね。べらんめえ調の男で、「このやろう」とかやってね、ものすごいんです。ところが、そういうタイプが私は好きなもんだから、仲よくなっちゃってね。結局会社をやめるときにその尾上さんが「もし芸能界に行くならば、この人を訪ねろ」と、すらすらと紹介状を書いてくれたんです。その相手が川内康範先生だったわけです。「康範ちゃん」って書いてたからね。誰かと思ったんですよね。

当時、川内先生はホテルに住んでましたので、そこに電話して行ったんですよ。そうしたら、よもや紹介された小笠原荘介だと思ってないもんだから、顔を見てびっくりして「ああ、おまえか」ってなもんでね。「浩ちゃん元気か」と言ってとてもうれしそうでした。人の縁は、不思議ですね。

そういう摩訶不思議な縁で、川内先生とは、先生が亡くなるまで、約五十年間、おつきあいすることになるんです。でも川内先生は右翼で、私は左翼のリーダーという、とてつもなく不思議で、おもしろい関係になりました。

「月世界」闘争

川内先生と私との関係を語るのに、避けて通れないのが、「月世界」闘争です。赤坂に「月世界」というクラブがあったんです。この事件はおもしろいという言い方はちょっと不謹慎かも知れないけど、本当にすごかったです。当時、日本に音楽の組合が二つあったんです。一つが日本音楽家労働組合、通称は日音労、もう一つが日本演奏家協会、通称は日演協、この二つの組織が組合の資格を持って反目してた。日音労の組合員は、主にキャバレー、クラブのミュージシャンだった。フリーの音楽家で、クラシックやスタジオの仕事をしてる人たちは日演協の組合員だった。この二つの組合が、「月世界」を舞台に共闘したわけです。一歩間違えるとやばいことになってましたね。

「月世界」というのは大きなクラブで、バンドが入ってた。シュ・アバンという台湾出身の経営者。ふだんからヤクを使い、ピストルをいつもひそませているという評判のその男が独断で、それまでのバンドをもういらないと言って、クビにして、新しいバンドを入れようとしたんです。クビだと言われたバンドのメンバーは「日音労」、日本音楽家労働組合、新しく入れようとしたバンドのメンバーは「日演協」、日本演奏家協会に所属しており、非常にやばい状況になったわけですよ。だけども同じ音楽家だということで、共闘態勢を組もうということになり、ホテルニュージャパンに闘争本部をつくるんですよ。

しかし、交渉しても、らちが明かない。そのうちに、交渉にあたっている役員がだんだん怖くなってきた。「月世界」の周りを組合員が囲んで威勢がよさそうなんだけど、それは外面の話で、現実は、シュ・アバンが机の引き出しからピストルを出そうとしているようなことになっていたんです。そのときに私は日本演奏家協会の副委員長をやっていたんだけど、そういう場面には私は出てはだめだったんです。というのは、NHKを含む日本の放送局全局と、日本レコード協会の交渉ルートをつくってたんで、そういう世界には顔を出せなかったんです。それで、じっと我慢してた。結局らちが明かない。このままでは大変なことになるというので、組合専従をやってたSさんという、東大の仏文を出た共産党のバリバリだった人から、「荘さん、一緒に交渉に出てくれ」と頼まれて、それでとうとう出ていったわけです。二人で行ったら案の定、シュ・アバンは引き出しを開けて、ピストルを見せるんですよ。

私は、以前に足を痛めており、まだそのころステッキだったから、ステッキの上にあごをのせて話してたんです。光景としてはすごいですよね。そしてなんかのはずみで「俺、このクラブに来たことあるんだな」と、こう言ったんだよね。そうしたらいきなり「何で来たんだ」と聞き返された。チャーリー石黒さんってバンドのリーダーがいたでしょ。彼と懇意にしてたので、「チャーリー石黒さんがここでやるというんで、ちょっと顔出したことがある」と応じ、話の流れで「川内康範」という名前を出したんです。その途端、そのシュ・アバンがぽんと立ち上がった。私は、やばいと思ったねえ。そしたら、ぱっと私のそばに来て、がっと肩へ手をかけて「俺とお前はもう兄弟だ」と言うんです。川内康範先生の名前一つで。そして、「どんなことでも解決する」と言い出したんですよ。言うとおりにするって。

そうしたら、それを見ていた共産党の希望の星であるSさんは、この解決方法はとんでもないといいだした。これだけ周りを人が囲んでるし、「荘さん、頼むから俺に任してくれないか」と言うので、解決方法の発表を任せたといういきさつがありました。川内康範先生の名前一つでそうなっちゃった。先生が出てきたわけじゃないんですよ。名前を出しただけでそうなっちゃったんです。それで私は一応、左翼のリーダーだし、川内先生は右翼の大物だから、先生とはもう会うべきじゃないと考えた。で、七年間会わなかった。

七年後に、私は四十二歳で日本コロムビアから初めてのＬＰを出すことになったから、報告もしなければいけないと思って、川内先生に電話をかけたんです。そうしたらものすごく怒って、「すぐ来い」と言うんです。会わなかった七年間の私のことは、チャーリー石黒さんとか、いろんな人たちが、川内先生にみんな報告していたらしいんです。行って話したら、「おまえの言うことは全部チャーリーとかから聞いてた。それはそれでいい。だけど、人のために命かけてんだから、右も左もねえだろう。人のためにすることは、全て愛なんだ」と。あの先生は「愛」という言葉がすごく好きでした。

右翼も左翼もないだろうと言うときの川内先生の気合いが半端じゃなかった。あのときの迫力ってすごかったですよね。人生、右も左もないという生き方をしようと思ったのは、そのときからです。

川内先生の交友関係

ひとしきり話した後、川内先生は紹介状を書いてくれて、「これを持って、スポーツニッポン新聞社にいきなさい。そこに小西良太郎というのがいるから、顔を出しなさい」と言ったの。行って、小西さんに会って、紹介状を渡した。そうしたら彼はにたっと笑って、「紹介状を読んでみる?」って聞くの。「何で」と言ったら「まあ見てよ」と。そこには「川内門下の変わり種、荘介のことをよろしく」と書いてあった。

小西さんは、音楽担当の記者出身で、文化部長、常務までなった人で、現在は音楽プロデューサー、音楽評論家として活動しています。ポピュラー音楽の評論家としては、トップですね。

川内先生は大正の申年生まれだと言っていた。大正九年、一九二〇年生まれ。最初に会ったのが、一九六三年だから、川内先生は四十三歳、小西さんに紹介状を書いてくれたのが、一九八二年だから、六十二歳ですね。時代は前後するんだけど、私は、東海汽船をやめてから、すぐ足をトラブって、歩けなくなった時期があります。

大雪が東京に降った日のこと。前にも話した、森繁さんと出会った青山の「グロスボー」っていう店でギターを弾いたり歌ったりしてました。そこからどんどん積もってくる雪をかきわけながら、烏山までギターを持って歩いたんですよ。そのときに、大学のときに手術を失敗した足がトラブって、歩けなくなったんです。

もうどうしようもなくなったんです。ギターのお弟子さんにお金持ちがいて、オートマチックの車を買う力を貸してくれたの。そんなとき川内先生から電話がかかってきて「おまえ、ギター持って銀座に来れるか」と言うから、「車を買ったから行ける」と言った。そうしたら、「マキシム・ド・パリ」に来いというんですよ。フランス料理の最高峰のお店ですよね。それで私は、身障者手帳持ってるし、車どこにとめてもいいから、「マキシム・ド・パリ」へギターを持って行ったんだよ。行ってみると、後に首相になる福田赳夫さんがいたんですよ。それに私が知っている方では、経済評論家の三鬼陽之助さんと松本亨さんもいた。

そうそうたる人たちがいてね、川内先生が、「おい、荘介、ギター弾け」といわれ、それで弾いたら「これから俺が歌うから伴奏しろ」と。会が終わると、少しお小遣いをくれたんですよ。もう何も稼げないときだったから、ありがたかったですね。そのときに、川内康範という人は何というすごい人だと思ったわけです。当時の日本を代表する人たちがいたわけでしょう。ただどういう人なのかは、まだわからなかった。そのうちに、『政治を斬る』（東京文芸社、一九六九年）という本を書いて、私にくれたんです。それを読んで、ああ、右翼なんだなとわかった。

それに佐藤栄作総理からはじまって福田赳夫さん、歴代の総理大臣の顧問になってるんです。私から見ると、ちょっとやばいなと思うぐらいの力を持ってたから。

一九六九年だから同じ頃かな、警察庁公安部長だった山本鎮彦さんが、川内康範先生に機動隊の歌の歌詞をつくれと言ったの。山本さんは、後に警察庁長官からベルギー大使になる警察官僚で、川内康範先生を「康範」と呼び捨てにするのは、その山本さんだけでしたね。ものすごいおっかない人だった。先生もその依頼に応えて、『この世を花にするために』という詞を作りました。その山本さんは、ずっと私の応援団長をやってくれました。

本当に大好きな人だった。もう、ああいう侍はいないですね。

それから、三十年くらい経ってからかな、あるとき青山の表参道の角のところにあった川内康範事務所に行ったときに、エレベーターのところで、突然「荘介」と言うから「はい」と返事をすると、じっと私を見てね、「荘介は何も変わらんな」と言って、にたっと笑ってね、「俺も変わらんだろう」と。あの人は晩年まで、少年みたいだった。それで、人間は、どんなことを仕事にしても、いつまでも少年でいた方がいいんだと、私は思ったんですよ。これは、川内先生から教わった核心の一つだね。いつまでも少年でいたいね。だから、見る人から見たら、あいつはばかじゃないかというぐらい、単純なことで腹立てたりするんだけど、それはそれで、もういいかなと思う。

曽根幸明さんのこと

私が川内先生のところに顔を出すようになった頃、川内先生は、曽根幸明さんに、私の音楽の勉強の面倒を見てくれ、と電話をかけて、頼んでくれたんです。曽根さんは、『座頭市子守歌』や『夢は夜ひらく』を作曲した人です。また編曲家としても素晴らしく、フルバンドの編曲でもなんでもやっちゃうんですよ。その曽根さんに、川内先生が「幸明ちゃん、荘介の面倒見てくれ」と言ってくれて、私は曽根さんから作曲法、編曲法を、徹底的に教えてもらって、実力をつけました。特に編曲。しかも曽根さんは、お金は一銭も取らずに、出世払いだと言ってくれた。ありがたかったですねえ。

その曽根さんは売れっ子で、歌の審査員をやったりしてＮＨＫや他局の番組にずっと出てたんだけど、脳梗塞で倒れて車椅子になりました。自分ではまったく動けない。あまりにも華やかなところにいた人だから、悔しいほど淋しかったです。

この間、倒れてから二度目だったんですけど、しばらくぶりで、会いに行きました。にこにこしてとてもよろこんでくれました。それに、曽根さんのしゃべることが、少しわかるようになって。聞き取りやすく話せるようになってました。

曽根さんは元歌手だから、すごく歌がうまかったんですよ。サニー曽根、藤田功という名前で歌ってました。私が音楽を習っていたころは、新宿の駅前にクラブ、キャバレーがあった時代で、そこで曽根さんは歌ってたんです。ピアノを弾きながら歌ったりして、めちゃくちゃ格好よかった。歳は私より五つぐらいしか上じゃないんですよ。

川内門下には、曽根さんのほかに、女優の久里千春さんの旦那さんの作曲家、山崎唯さんがいました。山崎さんはもう亡くなったけれど、西荻の「こけし屋」という洋菓子店の地下にあるレストランで、晩年亡くなる間際まで好きなピアノを弾いてました。私は時々遊びに行ってました。

行くとね、ピアノの上にお酒を置いて、弾いてた。テレビ東京で、音楽番組のパーソナリティをやったことがあるんですが、そのときに私をゲストで呼んでくれました。番組では、映画の主題歌を歌うとか、ソロ活動をやってました。そのときは山崎さんが川内康範先生の弟子だと、私は知らなかった。晩年になってからわかったんですよ。川内先生の弟子だったということを、山崎さん自身が私に言ったんです。

『おふくろさん』騒動の真相

亡くなる前に、川内先生が森進一さんを許せないと言ったことがあったでしょ。月光仮面のおじさんが、歳とって、森さんに無理なこと言ってるように、世間じゃ言ったけど、あれは違うんだ。いわゆる「『おふくろさん』騒動」として騒がれる前、曽根幸明さんが倒れて車椅子になったときに、川内先生が曽根さんを励ますつもりで、詞を書いて、曽根さんに作曲させて、それを森進一さんに歌わせようとしたら、森さんがにべもなく断ったんです。それで、私もそういうところはあるけど、川内先生はとにかく義で生きてる人だから、森進一さんが許せなかったんですよ。かんかんに怒って、それはもうすごかったですよ。

それから間もなく、超党派で「日本のうたとおはなし伝承普及議員連盟」というのができて、二〇〇六年六月十五日に私が自民党本部で子守唄を歌うことになったんですよ。そのときに、中心になったのが森喜朗さんだったですね。それに武部勤さんとか、いろんな議員が役員になって、自民党本部のホールで、子守唄のイベントをやったんですよ。一部は小渕恵三さんの娘の優子さんが司会をして、二部は山東昭子さんが司会して、七百人ぐらいが集まったかな。

私がステージの真ん中に座ってるところで、議員を含めた七百人ほどの出席者に、森喜朗さんや、武部さんら主だった議員が挨拶したの。みんな背筋を伸ばして挨拶していたのに、自分のおふくろさんの話になった途端にね、背中がぐだぐだと落ちるんだよね。力が抜けるんですよ。武部さんが一番ひどかったけど、みんながそうだった。後ろから見ていると、みんな母親を語るときに、体がへなへなとなるのがわかったね。森喜朗さんだってそうでした。

その会が大成功だったので、森喜朗さんが一週間後に、日本子守唄協会理事長の西舘好子さんと私の二人を食事に誘ったんですよ。「自民党の本部にもう一回来てくれ、晩飯を一緒に食おう」と。私はそのときに、岐阜かどこかでコンサートをやった帰りだったので、ギターを持って自民党の本部に行ったんです。そのときに秘書さんたちが二十数人いたのかな。森さんが「俺の裏方をやって子守唄を聞けなかった連中がいるので、頼むから子守唄を歌ってやってくれ」と言うんですよ。だから秘書さんたちのために、私はまた何曲か歌ったんです。すると、みんな泣くんだよね。それで、子守唄というのは、とんでもない力があると思った。

その話を、私は川内先生にしたんですね。そうしたら「森」って聞いた途端、突然かっと見据えて、「うんっ、森は許さん」というんです。「先生、森喜朗さんのことです」と言うと、「そうか。森は許さん」と繰り返してました。それぐらい川内先生は、少年のように、一途に怒ってたんですよ。

川内先生は、森進一さんを許さないまま、二〇〇八年四月になくなります。

さっき話に出た、東京パンチョスのリーダーをやってたチャーリー石黒さんが、森進一さんを育てたことになってるけど、川内先生が後ろにいて支えてやってたんですよ。森進一さんとゆっくり会ってみたいですね。

川内先生とのお別れ

川内先生に最後にお会いしたのは、晩年に東京の定宿にしていた田町にあるホテルＪＡＬシティだった。そのホテルは、日本交通というタクシー会社が建てたホテルで、それを日本航空に譲るんだ。会いに行ったら「荘介、元気か」と言うので、「はい」と答えたら、「女房、娘はどうしてる」と。私が「ええ、女房は倒れてもう十年以上車椅子です。娘はちょっとノイローゼみたいになって、今、鬱病みたいになってます」と、言いました。そうしたら、以前七年間会いに行かなかったときのように、私をひどく怒りました。「おまえがどこに行って何してるかぐらい、俺はだいたいのことは知ってるし、それはそれですごいと思うが、これからは女房と子供のために時間をつくれ」と、私を一喝したんですよ。ものすごく私をしかって、「わかったか、荘介」って、念を押したんです。

別れしなに、「じゃあ、先生、帰りますよ」と言うと、「おう、頑張れよ、おまえ」なんて言って、抱き合ったんです。このとき、ふっと、先生とはもう会えないんだろうなあ、これで最後だと感じました。それは何年か前、ベルギーに帰る前に中村八大さんとも、最

後に同じように別れる場面があった。そのときも、八大さんともうこれっきりだというこ
とを感じてた。それと同じ感覚だったものだから、きっと川内先生はもういなくなるんだ
なあと思ったら、間もなく亡くなったんですよ。

体が弱ってたんです。私も、よくもあそこで、お別れの場面をつくれたなと思うぐらい、先生が亡くなるということが、直感的にわかりました。

そうそう、川内先生と牛丼食いに行った話を思い出した。あるとき、川内先生が定宿にしているホテルＪＡＬシティ田町に会いに行ったら、「どうだ、荘介、久しぶりに外に出よう」と言って、クラブかどこかに連れて行ってくれるのかなと思ったら、向かいの牛丼屋に行くわけですよ。「ここの牛丼うまいぞ」とか言いながら。川内先生はまれに見る自然児ですね。

テレビドラマ『月光仮面』は、一九五八年から一九五九年にかけて、テレビで放映されたと思います。『月光仮面』は原作だけではなく、主題歌の作詞も川内先生です。「どこの誰かは知らないけれど、誰もがみんな知っている」。作曲は、小川寛興さんでした。

ああいうの、一世を風靡というんだろうね。子供たちが、みんなまねして。

一貫したテーマは、義でしたねえ。義は、川内康範先生の生き方そのものでしたね。

サイン入りで川内先生からいただいた本を、何冊か持っているんですが、川内康範先生の本では、『政治を斬る』がすごくおもしろかったです。その同じ先生が、『誰よりも君を愛す』を書くわけですよね。そういうところが、私は好きなんです。

先生がくださった五篇の詩

川内先生があるとき私に、「荘介、おまえ、よく頑張ってる」と言って、お金をくれたことがあるんだよ。そのときに、五つの詩を一緒にくれたんです。これがね、その五つの詩。私は宝物を持ってるんです。

もう、川内先生はたまらない人ですね。一つだけですが、曲をつけたときはみんなびっくりしました。すごい檄文だったけど。詩を読んでみます。

憐みだけの愛

憐みを請うだけで
憐みにこたえてやるだけで

弱者は救われるのだろうか。
与えた食料だけで胃袋を満たしてやれば
それで愛を与えたことになるのだろうか。
テレビで流される画面だけで
ソマリアの人々の悲しさが全てわかるのだろうか。
ひょっとするとぼくたちは
貧しい人たちにパンを与えて
大切な心を、自分たちで生きていく心を
奪っているのかもしれない。
だとしたら、大きなあやまちを犯した事になる。
神さまも、お嘆きになっているかもしれない。
そうかもしれない。そんな気がしてくる。
ぼくたちの愛は、愛は愛でも
その人たちと別れた時から
消えてしまう幻想かもしれない。

神が求めていられる
明日をつくる愛ではないのかもしれない。
気をつけねばならない。
ぼくたちの愛は、いまのところ彼らの憐みにこたえるだけなのだから。
彼ら自身が起ち上る
心の火をまだ燃やしてはいない。

これを読んでいて思い出した。川内先生から、はっきり言われたことがある。「荘介、俺は人に力を貸すときには、その人に、『自分ではいずりまわりながら、起ち上がれ』、といいたい」と。川内先生の独特の論法だけど、人への力の貸し方ですね。人に力を貸すということは、その人がはいずりまわるのを、見る勇気が必要だと、私に言うんですよ。川内先生の一貫した考え方がありますね。

それから話は少し変わりますが、東日本大震災で被災した場所で、演奏したことがあります。南相馬のお寺さんでやったんだけど、まだ震災から三カ月ぐらいしかたっていなかったころのこと。おばあちゃん、お母さんたちが二百数十人いたのかなあ、最初はみんなじっとしていて無表情、反応ゼロ。そのときは作家の青木新門さん、女優の藤村志保さん、それに西舘好子さんと、私の四人で行ったんですよ。子守唄を歌うのは私しかいないので歌ったら、みんな泣きましたね。泣いて、「やっと涙が出ました」と言ってきた人もいた。紙に「私は泣くことを忘れてましたけども、やっと泣くことができました」と書いて、好子さんにことづけてくれた人もいた。人は、泣くことによって癒されるんだね。だから泣くことすらできなかった人たちが、泣くことができる幸せを感じたんだね。泣けるということは、すごいことですよ。涙は人の心を洗うね。

さて、これ、読みますね。

新しい愛が生まれつつある

奪い合う愛だなんて
一九七〇年代の悪いしきたりさ。
いまはどの女も、それほど献身的じゃない。
だからおあいこなんだろうけどさ
これでいいのかな。

これ以上に男と女が燃え上がった魂を
自分たち以外の社会のために
誰にも命令されずにつくせる道があるんじゃないか。
エルサルバドルの子たちを見よ。
ソマリアの老婆を、そして地球のあちこちを。

戦火の中から、いつか身につけたのか
この人たちの憐みを求める目を
自分たちの心に向けさせていたら
きっと恥ずかしくなって涙をこぼすだろう。
きっと情けなくなって涙をこぼすだろう。
その涙が一粒の真珠になるという
二十世紀末の奇跡を、君は信じないか。

愛を与えるだけの時代は去った。

奪うだけの時代は去った。
新しい愛が生まれつつあることを、
俺たちは今こそ彼らに示そう。
新しい愛が生まれつつあることを
俺たちは彼らに知らせよう。

あの先生ぐらい、愛という言葉を使った人はいないんじゃないですかね。あと、すごく好きな言葉が運命《さだめ》でしたね。

あきらめたら駄目になる

いまにいい世の中になると
人にも信じさせ、自分でも信じようとして
そのくせ信じられなくなっている。
そんな世界に誰がしてしまったのか。

ふり返ればこの半世紀
世界中は西と東にわかれて
こっちの水は甘いぞ
あっちの水はからいぞ
力のない貧しい国の人たちは
どっちのコトバにもふりまわされて
自分の心をなくしてしまった。

東と西の壁は取りはずされた。
さあ今日からは
みんな幸せになれるぞと思った。
それなのに夢のかけらも与えられずに
スラブ、ユーゴ、ソマリア
戦火と飢えは終えることはない。
そして今日も、罪のない子供たちが死んでいく。

ああ、この子たちは何も悪さをしていない。
神はいないのか……と思う人もある。
いや、そうじゃないと言う人もある。
その人たちが手を握り合えば
ささやかだろうが、きっと光が見えてくる。
一つのものをみんなが奪うのではなく
一つのものをみんなで分け合ってゆけば
そのあたたかい心が
世界中の人々の心のゆがみを
神の恵みを信じるように
明日から、来年から、またその翌年から
地球に光がよみがえる。
そう信じることができるかもしれない。
そう信じなければ、この世は闇になる。
だから信じようよ。信じれば、あなたの心にほらほら、じき安らぎがかえってくる。
暑さにもめげず、寒さにもめげずに
いつかは幸せが来ると信じている。
その人たちのところへ
たとえ少しのお金でも
みんなが心を一つにすれば
真夏だってサンタクロウズの袋を届けられる。

そんな夢がかなえられる。
もうだめだなんて失望しないで
ほら、耳をかたむけてごらん。
地球のあちこちから
愛の回復を願う人たちの跫音が
だんだんこっちへ近づいてくる。
もう少しの我慢なんだよ。

あきらめたら心がしぼむ。
あきらめたら駄目になる。

いい詩ですね。もうひとつ……。

僕はメッセンジャー

人は神様になれない。
だけど神様の心を素直に受け入れて
ほら、あなたの皿にこんもりと横たわる
ビーフの一切れを
いま飢えているトナリの人に上げてごらん。
ひとつのパンを三人でわけても
みんなしあわせで
生きる喜びを感じるでしょう。

夢は誰でも見れる。
だけど、夢を上げることはむずかしい。
自分以外の人を愛することに
どれほどの価値があるのか……
自分が飢えてみなければわからない。
たとえば、乳飲み子のおなかを満たすように
母のやさしい手が赤ん坊を寝かせつけるように
男だって、その気になれば神の使者になれる。

信じなければ何も生まれない

世の中がくるくると変わる、悪く変わる
いくら働いても、暮らしが楽になれない
それでも丈夫な家族と、いい友達がいて
神様にお祈りを捧げられる人達は幸せだ

そんな人たちを集めて
もっと不幸な人たちを見せてやりたい

世界は広い、この地球の果ての果てまでも
旅すればもっともっと不幸な人たちが
死ぬ思いでしあわせを探し、貧しさに
負けまいとしている人たちもある

アフリカ、インド、カンボジア
生まれながらの肌のちがいで差別をされてる人たちもある

だがどの人たちも神の心を持っている
明日からと言わずに、いまからみんなで輪をつくろう
その輪を世界中にひろげよう、そう……

ぼくはギター一丁かかえてこの地球を歩きまわろう
時には疲れて倒れそうにもなるが
神さまがお守りになる、そう信じれば苦しみはやすらぐ

人は神様になれないのだから神様の
お心をみんなに伝えるメッセンジャーになろう
東の人にも西の人にも人種国境を問わず
神のやすらぎの声をとどけよう

それがぼくに与えられたよろこびだから
この命どこで絶えようとかまやしない

そこからぼくの命はひと粒の愛のタネになる
みんながしあわせになれる日の来ることを信じて

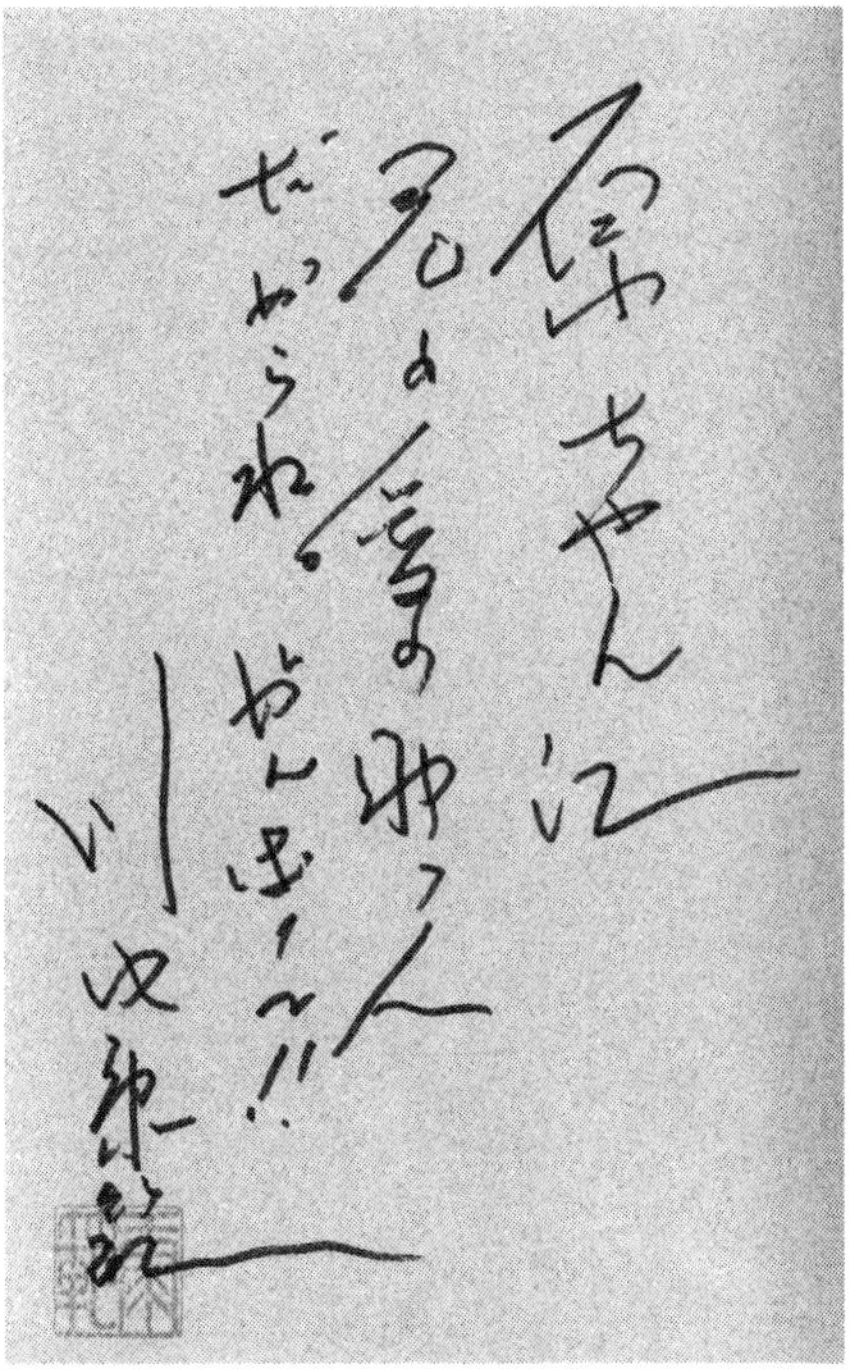

川内先生が『生涯助ッ人』に書いてくれたサイン

結局、川内先生の歌になっている詞は、『誰よりも君を愛す』もそうだし、『君こそわが命』もそうだけども、歌の韻というかリズムを踏んでいるんですけど、この一連の私にくれた詩は、それがまったくないんです。何でだろう。普通あの先生の詞というのは、みんな、わりと流れというかリズムがあるんですよ。いま読ませてもらったのは、どれもそうじゃない。どちらかというと、全体小説の大作家、野間宏先生に近いような文章なんです。

荘介よ、がんばれ！

川内康範

三十周年おめでとう‼

四十余年前の紅顔の青年も早や六十五歳か……。

夢を抱きながら、時には激動の波に翻弄され、時には病魔と闘いながら、いつも少年のような「熱い想い」を失うこともなく、よくもまあ、ここまで来たもんだよなあ……。

縁あって出会ったすてきな人達を大切に、けっして「人」を裏切らずに、そして憎まずに常に信念と勇気をもってこれからもつき進むであろう「荘介」に心から激励の拍手を贈る‼

（二〇〇五年三月七日　津田ホール「ステージデビュー三十周年記念リサイタル」プログラムより）

原君へ

川内康範

君と出会ってから、もう、かれこれ三十有余年の月日が流れた。その頃のぼくの生きかたや、理念、信念、物事に立ち向かう姿勢は、今も、そのままで、何も変わっていない。そんなぼくを長年見てきて、君も、信念を曲げることなく一途に生きていることがとてもうれしい。

君が昔、労働組織運動に奔走していた頃、七年ほどの間、姿を見せない時期があった。ある日、ひょっこり訪ねてきた時に、ぼくが君に、「人間にとって一番大切なものは、〝愛〟……。人のために一生懸命尽くすのに、右（右翼）も左（左翼）もあるか‼」と一喝したのを覚えているだろうか。

相変わらず風のように人から人へ、心を運ぶ「心の行商人」として、あちこち放浪していることだろう。燃えたぎる情熱と信念をいつまでも失うことなく、根気よく、着実に積み重ねていってほしい。

最近のとらまえようもない世界の動き、社会状況を憂い、先に君に進呈した五つの詩の中からひとつだけ記しておく。元気で頑張ってくれ。

（一九九六年一月八日　安田生命ホール「ステージデビュー二十周年記念コンサート」プログラムより）

遠い日に師と呼ばれた男より

川内康範

はじめ原荘介はギターリストとして私の前に現れた。それから十年ほどして、ギターボーカリストとしてあらわれた。そしてさらに十年、今度は地球、この喧騒、巧妙なるヒューマニズムの氾らんする中をただひたすら一途の愛、本当の愛をさがしつづけるギターを持った吟詠詩人としてあらわれた。

「詩を書いて下さい」

大昔にそんなことを私に云ったきり、これまで催促がましいことを一つも云わずに、今度は世界の子供（無論、大人たちをふくむ）たちに語りかける旅に出たいと云って来た。

いま地球は不幸の中に、のたうちまわっている。人は人のためならぬ己れのためのみの愛を絶叫している。

この修羅の世界へ原荘介は旅立って行く。

「寂しかろう、つらかろう」

そういう時にはおれの詩を歌ってくれ――。

これが私の原荘介へ旅立ちに送る正気のコトバである。

（一九九三年二月二十五日にいただいたもの）

荘介君に

川内康範

やぁやぁ、わざわざ来てくれたのに、風邪ひきの上見た通りの忙しさで時間がなくてわるかったネ。

それでも元気でよい仕事をしているので嬉しかった。

LP、テープでゆっくり聴かせてもらうよ。

いずれにしても、十年余り、あっという間に過ぎて、君が佳い仕事をしているのを見ることは愉しいことです。

「合縁奇縁のつどい」十四日は原稿の締切りだし、三沢市なので、どうしても東京は十五日すぎになるので、残念です。

やっと健康も恢復。これからまた始動します。

本、ゆっくり見せてもらうからね。

私の評論集『田中角栄は国賊か』（サイマル出版刊）近日中に出ます。是非見て下さい。

なんとかして戦争などの心配のない世の中にしたい。ただただそれのみを熱祷しての日々です。

世界はまだまだ不平等ゆえ、その格差をなくする運動はつづけるつもり。いまさら名前などはどうでもいいからね。

それに特に惜しいものもないし、〝老残〟の一切を埋もれた愛の発掘作業に捧げたい。

其のうちに一緒に仕事をしよう。

とにかく十六日ごろの午前九時から十時にかけて連絡下さい。ゆっくり会おう。

「つどい」の盛会を祈ってますよ。みなさんによろしく伝えて下さい。

佳い人たちに囲まれてしあわせだネ。

九月八日朝

通俗的な褒めかたは似合わない！

川内康範

奇妙な奴である。

数多いシンガーソングライターの中で時代の流行に乗ることを、かたくななまでに拒絶して、もうそろそろ初老に近い年齢なのに、三十年前に会った時と同じ姿勢で歩いている。しかも不自由な肉体も、ナニワ節的に感じさせない。心意気というか、心骨とでも云うべきか、原荘介はかたくなに一筋の道を歩きつづけてきた。

身障者にありがちな、世間の同情を求めるという媚のなさが好きで、ぼくはぼくなりに原君を支援してきたつもりだが、ふりかえってみると、それほどのことはしていない。詩を二、三篇プレゼントした。あとは「がんばれや」と肩を叩いてやったくらいで、むしろ世界中を歩き廻り、国境も民族も宗教も気にせず、ただただ人間みんな、みな同じ……の信念一筋で、子供たちの手をつなぎあわせるための歌旅路をつづけている姿に拍手をおくる他に褒めコトバを知らない。

ぼくがアニメで「日本昔ばなし」を五百話も作ってきた監修者として原君が世界中の童話や民話を題材にしてのわらべ歌作りの努力を、誰よりも理解しているつもりだが、それ以上のことは何もしてやっていない。その原君が自伝らしき本を出すという。これもまた大変な作業なはずだが、会ってみると、本日も変らぬ姿勢なので、下手な助言は無用と考え、締切ぎりぎりにこの推せんの辞を書いている。どんな本をまとめるのか……いずれにしても、原荘介ならではの骨格の文章になると信じている。通俗的な褒めコトバはむしろ無用であろう。

無用だというのが、ぼくの褒めかたであるが……。

まあ、愉しみにして出航を見送ろう。

(『風来旅日誌』一九九九年、より)

私の生い立ち

原　荘介

私の家族

私はきょうだいが多いんです。一番上が私より八つ上の兄で、つぎに五つ上の兄と、三つ上の姉がいて、私です。私の下に弟と妹がいたんだけど、赤ちゃんの時に亡くなりました。二人が亡くなったときのことは、子供ながらに憶えてます。そしていちばん末の弟が生まれるんだけど、私とは八歳離れてます。おふくろもおやじも、続けて二人赤ちゃんを亡くしたこともあって、八年間私を異常にかわいがったんじゃないかと思います。いい思い出がいっぱいありますから。

八年経って末の弟が生まれたときには、家が没落していたもんだから、その弟を私がおんぶして、子守をして、私は、一生懸命弟を守りました。だから、私はおふくろとおやじにかわいがってもらった分を、弟にしてやったと思っています。

私の出身は秋田県の大館。おふくろは、津軽の板柳町。「高見盛」というお相撲さんが出たところです。駅前にあった「柳屋」という旅館の娘なんです。私は子供のころ、よくそこに行ってました。おやじは、南部は八戸の百姓。戦国時代以来、南部家（盛岡藩）と津軽家（弘前藩）との間に遺恨があったからだと思うんだけど、明治・大正になっても、南部衆と津軽衆は結婚できなかったんです。それが暗黙の約束事になっていました。そんななか、二人はクリスチャンで、弘前の教会で出会ったんです。そして弘前の教会の牧師さんが大館の教会に異動することになったので、二人は牧師さんにくっついて、旧盛岡藩領でも旧津軽藩領でもない、旧秋田藩領の大館に行って、結婚したんです。そこでぼくらが生まれます。

いま秋田県には姉の夫婦以外、親戚は一軒もないけど、大館で生まれたので、もちろん秋田県出身と言っています。だけど、親父の出身地の八戸も今は青森県だから、両親から受け継いだ血は青森県になるんですよね。だから、ＮＨＫで全国をまわっていた頃、青森や秋田に行ったときは、両方を使い分けてました。

兄二人と姉は、三人とも元気です。上の兄は、普通のサラリーマン。応援団の団長をやったりしてたあばれん坊です。大学なんか行きたくないと、よくやくざにならなかったというくらいの感じでした。ただ、体だけは丈夫だったみたいで、鉱山に入ったんですよ。うちのおやじの縁で。

父は同和鉱業のサラリーマンで、花岡鉱山とか、小坂鉱山とかで、働いていました。穴掘りじゃなくて、総務にいました。その親父の上司だったのが、森繁先生の回で話したＯさんです。これは私が生まれる前の話ですが、私の人生を決めることになる邂逅です。Ｏさんは後に同和鉱業系・同和興産の社長になる方ですが、私が小樽商科大学を卒業するころにはグループ企業の藤田観光から、同和鉱業・藤田観光が大株主だった東海汽船に移って社長をやっていました。私は大学卒業後、ブラジルに行きたかったんですが、それが駄目になり、父とＯさんとの縁で、東海汽船に入社したんです。

その時に、労働組合のリーダーをやらされて、不況の責任を社長のOさんにとらせて、追い出してしまったんです。そうしたら仲間はみんな私のことを怖がったので、私はサラリーマンを廃業して、ギタリストとしての道を歩むことになったんです。

ギターとの出会い

私が小学生の十歳のときに、おふくろが私にギターを買ってくれました。今振り返ってみると、これが私の人生の大きな転機でしたね。

当時、一番上の応援団やってた兄が、マンドリンが好きで、私の家に兄の友人の悪童たちが、ギターやマンドリンを持って集まってきていました。その中にのちにギタリストになる皆川せいきさんという人がいて、私にギターを教えてくれました。それでギターが好きになって、おふくろにねだったんです。

おふくろは、楽器屋さんにはギターがなかったので、町内の質屋さんに出物を探してくれるよう頼んで、私にギターを内緒で買ってくれました。弟が生まれて二歳になっていたけど、やっぱり私のことをかわいがってくれたんですね。もしかすると、暴れん坊で、けんかばっかりしていたので、ギターをやれば、おとなしくなると思ったのかもしれません。

もしあのときギターを買ってくれなかったら、私はギタリストになっていませんでした。そしてその後、柔道やってて足を傷めたので、ギターに一層のめりこむことになりました。人生というのは、ほんとにわからないもんですね。

今つらいことがあっても、苦しくても、なにか意味があると思うようになりました。神さまが上から見て、「そろそろこの人と会わせよう」とかやっているんじゃないかなあ。そうでも考えないと、その後の人生で大きな意味を持つことになる人との出会いというのが、不思議でしかたがありません。

体験から得た「渦巻き理論」

私は小学校低学年の時、五つ上の兄たちと、私の生まれた大館市の真ん中を流れる長木川に泳ぎに行きました。大雨の後で川が増水し、凄い勢いで、あちこちに渦巻きが生まれていました。兄は、これは危ないから今日は泳ぐのをやめようと言いました。私は、手回しで放水する放水路のコンクリートの上から恐る恐る下を覗いてみました。その時、足を踏み外して、真っ逆さまに渦巻きの中に落ちたのです。大騒ぎになって、兄たち、大人たちが渦の近くに集まってきました。

自分の体が回転しながら渦に巻き込まれて行き、ああ……自分は死ぬんだなあと思ったとき、両足が川底にトンとついたのです。その瞬間に、今度は体が逆転しながら川面に向かって行き、ずーっと上の方に綺麗な青空が見えて来ました。

兄たちは私が浮き上がるのを待って、大人たちと協力して私の手をつかまえて陸にひき上げたのです。その時の事は、今でもよく思い出します。

渦巻きに巻き込まれた時、一度だけ浮き上がり、もう一度渦に巻きこまれた時は、ほとんど一〇〇%死ぬんだそうです。

一度だけ浮き上がってくるタイミングを待って、手で摑まえる距離を考えて、じっと待つ勇気が必要なのです。

人は誰しも人生の中では、病気や、経済的ピンチや、精神的不安定などで、何回か渦に巻き込まれる時があります。

親しい友人が、もし苦難におちいった時、手を差しのべる距離を間違えると共倒れになります。

そんな事を考えて、心を鬼にしてじっと待つ事の勇気を私は持っているつもりです。

読者の皆様はどう思われますか？

第3幕

兄貴のような存在、俳優・土屋嘉男さん

「しょっちゅう一緒で、弟みたい」

二〇一三年夏、土屋さんの別荘で

土屋嘉男（つちや・よしお）

一九二七―二〇一七。『七人の侍』『隠し砦の三悪人』ほか黒澤明映画の名脇役として知られるが、特撮映画『ゴジラ』シリーズ、『ガス人間第一号』を含むさまざまな映画、テレビドラマで幅広く活躍した。

出会い

私と土屋さんの出会いは、一九六四年、今から五十年以上前です。私が二十四歳、土屋さんが三十七歳、ふたりとも本当に若かったですね。

場所は蒲田駅から徒歩約十分の、下沢五郎さんのお宅でした。五郎さんは当時私より八つ年上の三十二歳。おそらく日本で最初にギターのひき語りの本を出版した人です。その本を偶然、銀座の山野楽器店で見つけたのです。

アルゼンチンの国宝といわれたアタワルパ・ユパンキの「ツクマンの月」が、とてもわかり易くアレンジされていました。この本との出会いがなかったら、今の私「原荘介」は存在しなかったでしょう。

東海汽船の社員だった私は、蒲田の町工場のトナリに三畳間を借り、下沢五郎さんのレッスンを受けることになりました。

ある晩、五郎さん宅で小さな集まりがあって、当時東宝の売れっ子の女優さんだった、桜井浩子さん、後に植木等さんと「花と小父さん」を歌って人気者になった伊東きよ子さん、そしてまだ大学生だった俳優の石坂浩二さんと、本当に自分の一生を左右した大切な人たちとの出会いがありました。
そして、その会で土屋嘉男さんとはじめて出会ったのです。まさに出会いは人生を変えてしまうものです。

結婚（二十六歳）～ステージデビュー（三十五歳）

私は二十四歳で土屋さんと出会い、本当に暇があれば、ほとんど毎日のように一緒にいました。
私たちが新婚時代に住んでいたのは、京王線千歳烏山駅から二分ほどの畑の中のアパートでした。狛江に住んでいた土屋さんは、ほぼ毎晩のように自転車で遊びに来ていました。二人ともギターが大好きで、朝まで弾き通すことも度々でした。

…………

嘉男　ふたりで音の会話みたいに……自然発生的に……。読んで字のごとし、音を楽しむ……自分の身辺に毎日ギターを置いとかなきゃいやなんだよ。フラメンコのような民族音楽を楽譜で覚えるというのは違うんだよ。
荘介　本当に違うんだよね。
嘉男　ルンバフラメンコなんて原点だけど、あれなんて楽譜ではかけないだろ、そのかけない所をやるんだよ。一番分かり易く言えば、音が鳴っていない時が音楽なんだよ。
荘介　そうだよね！　大事だよね！
嘉男　もうひとつ、音楽は冗談みたいなもの……。荘介さんにとっても音楽の原点になっていると思うよ。荘介さんが演奏家になることが心配だったね。俳優ならまだしも……（笑）。荘介さんとはウマが合うというか……荘介さんと会いたくなって、仕事が終わると……しょっちゅう一緒で弟みたいな気がして……。
荘介　今、思い出すと、色々な想い出があるよね。映画の撮影で八丈島へ行ったでしょう。久保ちゃん（久保明さん）が遅れて飛行機で来たんだよね。着陸する時に大きくバウンドしたのを見て歓声あげたの覚えてます？
嘉男　大空戦のロケの話だよ。
荘介　そうそう、お風呂を覗いてたら火事を見つけちゃった話とか……

嘉男　監督は亡くなったけど森谷司郎さんだよ。なんだかんだ……荘介さんは、とにかく俺の行くとこにいつもいたね。
荘介　私が八丈島で一台しかないオープンカーを借りて……
嘉男　俺は恥ずかしかったよ（笑）

…………

ある晩、遊びの花札をやっていて、点数を計算するため、ソロバンを取ろうと体をひねったとたんに腰がトラブり、痛みのために動けなくなりました。土屋さんの車は、当時まだ珍しいイギリスの車、ＭＧのスポーツカー、ピストルのようにカッコいいのですが……。腰が動かなくなった私は乗れません。土屋さんが私を背負ってタクシーに乗せ、高円寺で開業している、やはり五郎さんの同級生、同じ長野出身の大日方巴次先生の所へ運んでくれて、そのまま丸四ヶ月入院生活を送ることになったのです。

娘が生まれたこと

入院中の昭和四十二年二月五日、私の娘、環が板橋の日大病院で生まれました。ものすごい大雪の日でした。先生の許可をもらってタクシーで日大病院へ行ったのが、つい昨日のようになつかしく思い出されます。二十七歳で父親になりました。

妻が血液型ＲＨマイナスで輸血出来ない虚弱体質だったので、妊娠した時、名のある三ヶ所の病院で、子供が育たないのであきらめた方がいいといわれました。日大（板橋）病院に五回入退院をくり返し、外部からの栄養補給でどうにか子供を育てました。輸血出来ない体質で、分娩も帝王切開もむずかしいということで、十四時間かけて自然分娩で生まれました。東京がものすごい大雪の日でした。

その時に作った『窓辺の花』の歌……詞・熊沢菊戸《きくのえ》（私の妻）、曲・原荘介。大好きで、ときどきステージで歌います。

そのあと、約十年間、娘がよちよち歩きの頃から、病気の治療で腰（脊髄）に注入した油のために、地獄の苦しみを味わうのです。ほとんど、演奏の仕事らしい仕事はできませんでした。酒が一滴ものめず、逆にいえばそのおかげで今生きているのかもしれませんが、その当時は本当に苦しかった。でも娘といられたことは喜びでした。

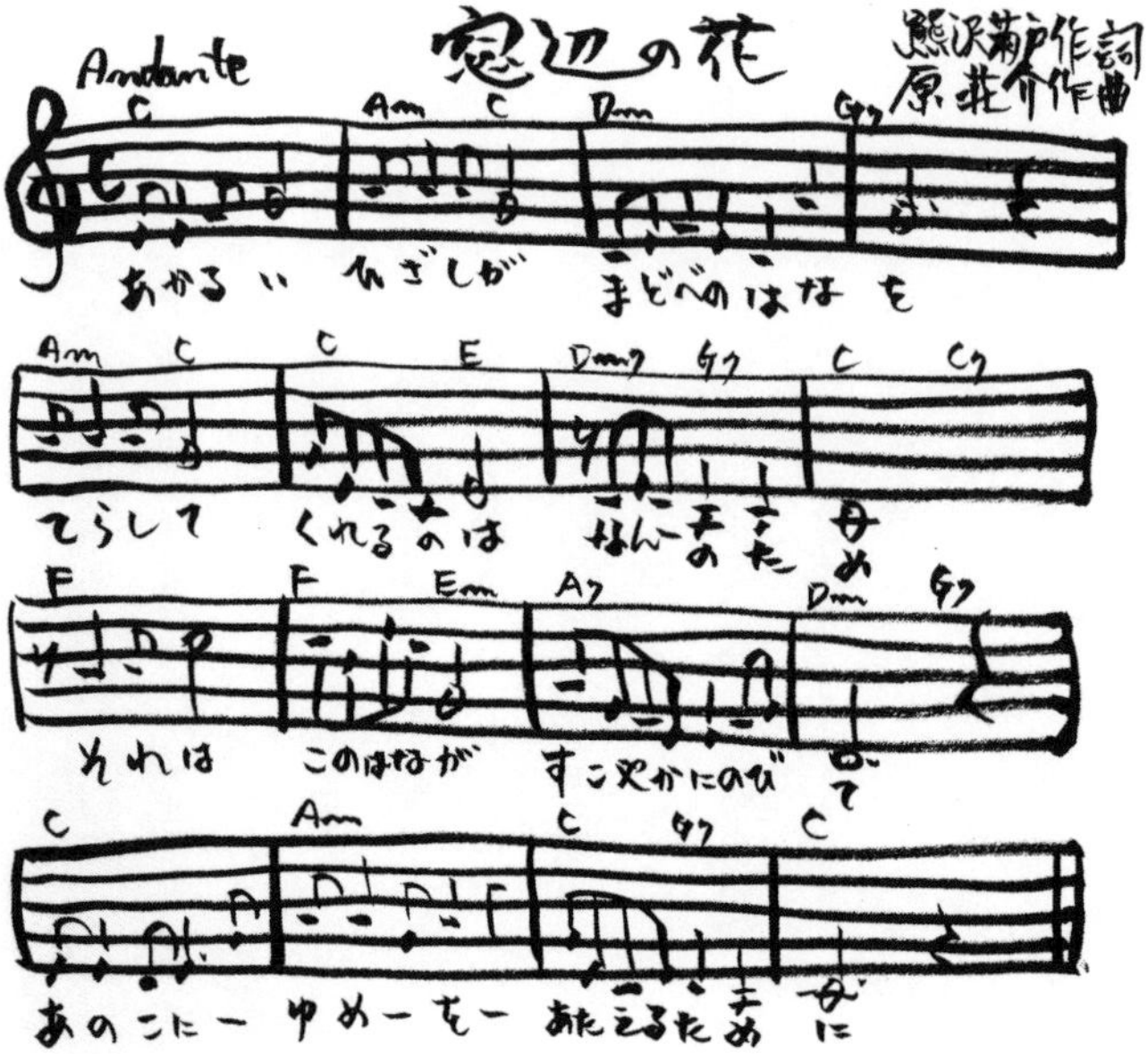

一、明るい日ざしが　窓辺の花を
照らしてくれるのは　何のため
それは　この花が
　すこやかに　のびて
あの子に夢を　与えるために

二、風が静かに窓辺の花へ
ささやきかけるのは　何のため
それは　この花が
　やさしく歌い
あの子に愛を　伝えるために

三、赤い夕日が窓辺の花を
染めてくれるのは　何のため
それは　この花が
　つぼみをひらき
あの子に倖《しあわ》せを　捧げるために

「グロスボー」のこと

会員制ミニ・フランス・レストラン「グロスボー」は、すき焼き「よしはし」のお客様の「たまり場」として、同じフロアーにありました。

この「グロスボー」は土屋嘉男さんに紹介されて、演奏の仕事をさせてもらいました。森繁久彌さんも、倉本聰さんも、柳生博さんも、児玉清さんも、舟木一夫さんも、とにかく数えきれないほど多くの、すてきな人たちとの出会いの場だったのです。

女将の澄子さんが亡くなってからは、昔の人たちとも会う機会が少なくなってしまい、時間の流れの重さに驚くばかりです。

……………

嘉男　ほら！　あそこ、グロスボー！

荘介　グロスボー！　あそこは土屋さんに紹介してもらったんだよね。

嘉男　食べていくのが大変だと思って考えたんだよ。

荘介　澄子ママが、私のギターを聞きもしないで決めたんだよね。

嘉男　俺を信用したんだ。
荘介　いろんな意味で、あそこは私の原点です。
嘉男　だから、ちょっと安心だったよ。
荘介　うん、食わしてもらった。あそこがあったから良かった。
嘉男　あのあと二～三年してからいろいろ本を書きだしたんだよね。
荘介　二十七歳～二十八歳で全音（全音楽譜出版社）から本を出したからね。

…………

クラシックギター溝渕浩五郎門下の同志、熊谷隆行さんが全音楽譜出版社で働いていた縁で、ギターのアレンジが始まるのです。

はじめた頃は、流行歌のギターソロのアレンジでしたが、間もなく書いた『ギターひき語りでいこう』が大ヒットしてシリーズになり、ひき語りの原荘介が認知され始めました。

原荘介古稀記念コンサート

私が七十歳の古稀を記念して武蔵野公会堂で開いた記念コンサートに、土屋嘉男さんにゲストになってもらいました。土屋さんのほかに、加藤幸子さん（ヴァイオリン。加藤登紀子さんのお姉さまです）、仲良しのシンガーソングライター、みなみらんぼうさん、ヴァイオリンのＦＵＭＩＫＯ、坂井容子さん（ひき語り）、そしてアリエント（小林誠子さん、川幡修二さん、小林祐子さん）。

このコンサートの土屋さんのコーナーで、土屋さんが作った『小さい子守唄』を歌いました。私にとって、夢を見ているような、楽しい、すてきな時間でした。

二〇一三年の夏、私とアリエント三人は、土屋さんの別荘に招待されました。白樺林の庭で食事をしたり、一晩中ギターを弾いたり、音楽について熱く話したり、ドヴォルザークの「新世界」を静かな山の別荘で聴き、至福の時を過ごしました。

そして、玄関先で、朝、大きなヒマラヤ杉の切り株で作った椅子を見つけたのです。狛江の土屋さんの自宅の庭のヒマラヤ杉と、四十年ぶりの再会でした。

……………

嘉男　この椅子、ヒマラヤ杉の椅子、覚えてる？

荘介　そうだ！　あれで腰痛めたんだ！

畑で赤ん坊を抱いて
ひと休みのお父さん……
小さい子守唄
土屋嘉男 作詞 作曲
おまえのおてて ちいさいな トンボが そっと とまってる
かぜが一 そよと一ふいて トーンボ
そらに一きえ た
ルールル ルー
ルルルルルルル ルー ルールルル ルルルルールル
ル かえろーかね かえーろかな

嘉男　手伝えって言って……役立たず……かわいそうなことしたな……

荘介　あの頃は体が弱くて、しょっちゅう寝込んでたんだよね。それでもギターが好きで好きで、運んでもらった大日方病院でベッドに寝ながらギター弾いてたもんね。

嘉男　あの病院はもうないね……。音が鳴っていない時の音楽……。はっきり言えば、舞台に一歩出た時から引っ込みまでが音楽なんだよ。その点、アリエントはまだまだだよ、荘介の顔見てグアッグアッって食いついていけば荘介は受けて立つんだからな……そのくらいの気迫がいるね。それで、みんなに「新世界」を聴かせたんだよ。分かってほしくてね。楽譜でいえば休止符の音楽なんだよ、そのくらいの生意気は言わせてくれよ。

両国の門天ホール

時が流れて……。

二〇一五年三月二十二日、両国、門天ホールでの「ふたりの会」では、ステージに土屋さんと私が座って、土屋さんの高校生の頃のすばらしいヴァイオリン演奏を聴き、プロ顔負けのものすごい迫力のあるスキーの映像、そしてこれもプロ級のフラメンコギターとダンスのステージ映像、等々……。

ところが、ステージの途中で土屋さんが急に具合が悪くなって、救急車で病院へ運ばれることになったのです。私はステージの途中だったので、お弟子さんが二人で土屋さんに付き添ってくれました。

そして、ステージは、たまたまお客さんで来ていた森繁建《たつる》さん（森繁久彌さんの息子さん）が機転をきかせてステージに上がってくれたのです。その後、土屋さんはお元気になられました。

土屋にいさんは二〇一七年二月八日、天に召されたのですが、奥様のみどりさんも大きな病気だったので発表を控えていたけれど、外国でリークされて半年以上経ってから各新聞に掲載されました。改めて大きな涙がポタポタ落ちて来ました。本当に悲しかったです。

卑弥呼のいる家

土屋嘉男

私の友人にはプロのギターリストが多い。私もギターを弾くが、私の場合はあくまでも趣味であることにしている。

近くの京王線、千歳烏山駅のすぐ近くの小さいアパートに、仲良しのO君がいて、時々私はそこへ行って、ギターで互いに会話をした。ギターで会話するって何のことだと思うかも知れないが、口でしゃべるよりもっと楽しい。つまり、インドのシタール演奏と同じように、最初は決まった曲をお互いにやっていて、コンパスを決めておき、そこから即興を始める。するとそれに応えて相手も即興で返事の演奏をする。しばらくは掛け合いが続き、そして元の曲にもどる。それからまた即興演奏となる。面白いのだがきりがなくなる。

ひとしきり続けると腹が減ってくる。そこで駅の線路沿いにある焼鳥屋の屋台に行く。それは駅のホームの柵に寄りかかったような屋台だ。焼鳥と言ったって鳥ではなく豚だ。屋台のおやじは手慣れていて、空いた皿やら調味料やら酒の瓶まで、駅のホームの端を店の棚替わりにしている。

ある時、二人とも急に同じように右肩に激痛が走った。痛くて腕が上がらないのだ。そこへ卑弥呼が現れた。隣の部屋から襖を開けて、新聞を二人の前にポイと置いて、また隣の部屋に消えた。言いおくれたが、卑弥呼とは、このO君の女房である。太っていてデンとした貫禄である。弥生時代なら美人だったかも知れないが、今の私にはそうは思われない。私はいつとはなしに彼女のことを、卑弥呼と呼ぶようになり、彼女も快く返事をした。O君までが卑弥ちゃん、なんて呼んだ。その卑弥呼が置いた新聞を何気なく見て驚いた。豚のコレラが流行り、屋台などにコレラ豚が流れている。その症状は、まず関節に激痛が走る、と書いてある。二人とも思わず肩をおさえて顔を見合わせた。「あの屋台のおやじめ！」と騒ぎ出すと、また卑弥呼が現れて、

「とうとう二人ともコレラか、可哀想に」

と言ってまた隣室に消えた。結局これはギターの弾きすぎで、腱鞘炎ということだったのだが、同じ時間、同じようにギターを弾き続けると、同じ場所が同じように痛くなることがわかった。屋台のおやじは無実であったが、しばらくはそこへは行かなくなった。

ある休日、O君と奥の部屋でだべっていると、玄関のほうから何だか話し声がしてくる。何となく聞いていると、卑弥呼の声が大きくなった。

「何だい。いらないものはいらないよ。さっさとお帰り！」

押し売りかなと思っていると、どうも新聞の勧誘員らしい。男は執拗にねばっている。そのうち、女一人と見たのか、部屋に上がる素振りをしたようだ。もしもの時は二人して同時に飛び出そうと目で合図はしたが、面白くもあったので、そのまま聞き耳をたてた。

「奥さん、わざわざこうやって来てるんだ。お茶ぐらい入れてくれよ」

と凄んだとたん、卑弥呼の落ち着いた声がしてきた。

「なに、お茶だと、人の家に気安く上がろうとはお兄さん度胸いいね。私を誰だと思ってるんだい。鳥山の卑弥呼ってのを知らないのかい」

すると勧誘員はびっくりしたらしい。

「今父ちゃんがタバコを買いに行ったけど、帰ってきたらどうなるか楽しみだ。なんだい、人の家に上がろうってのに、拳銃《はじき》一つ持ってないのか、貸そうか」

と茶箪笥の引き出しを開けるような音がした。

「いやいや奥さん、冗談、冗談、ちょいとふざけただけで……」

と帰りかけたようだ。そこへすかさず卑弥呼のたたみかける声がした。

「おい待ちな。おまえ私に恥をかかせたな。字の読めない人間に、新聞を取れとはよく言ったなあ」

男のあたふたと逃げる足音が聞こえた。聞き耳の私たちはまた顔を見合わせた。そこで私は彼に言った。

「親分、オカミさん、御無事なようで……」

ここで言っておくが、卑弥呼はとても心優しく、音楽を愛する素直な女性なのだ。卑弥呼、卑弥呼、と言われるものだから、ついさっきは卑弥呼になりきってしまったらしい。茶の間のほうから、「オッホッホ……」と彼女の笑い声が聞こえてきた。

私たち三人は、時々駅前のパチンコ屋に出かけることがあった。そして、獲った景品のタバコや缶詰を、部屋の隅に置いてあるダンボール箱に投げ入れた。その箱には、「緊急保存食」とマジックで書いてあった。

卑弥呼が身籠った。ますます貫禄充分になっていった。かなりお腹が膨らんでも、パチンコに行くと言ってきかないので、心配になってきた。そして、とうとうパチンコ屋で陣痛がきて、救急車で病院に運ばれた。

無事女の子を出産した。パチンコ屋で産気づいたのでその子の名前を、玉子とつけた。玉子は今ギターを習い始めた。

（『続　思い出株式会社』清水書院、二〇〇九年、より）

＊O君とは、原荘介こと、本名小笠原の頭文字です

子守唄の偉大な力

土屋嘉男

変な話だが……私は、子守唄のおかげで命拾いをしたことがある。それは滅多に無い貴重な、そして、野性的でもある体験であった。

十数年前の北海道。みどりしたたる六月の道南の山の中だった。釣り好きの私は、一人渓流を求めて山を歩きまわって居た。その日は一匹も釣れることなく、やっと道らしきものに出て帰路についた。もう陽が沈みかけていた。太い樹木の下に生い茂るクマ笹は、何となくほの暗く静かであった。音もない夕暮時を、私は心から美しいと思いつつ、ややカーブした細い道を廻った。と、その途端であった。何と目の前に、巨大なヒグマが立ちはだかって居たのである。

その顔の大きさは今も尚忘れるものではない。思わず全身が膠着し、私は直立不動となった。ヒグマの荒い息が私の耳の奥にまでふりかかり、やがて物すごい雷吠えとなった。コチコチの私の体は、一瞬に砕け散りそうであった。しかしその時、私はゴチャゴチャした頭の中で、ふと子供の頃よく山の話をしてくれたマタギのおじさんの顔を思いおこしたのである。「逃げちゃいけん背中を見せちゃいけん。」「死んだ真似はだめだぞ。」「じっとして睨みつけろ。」「お前より俺の方が強いと思え。」……

私は、もう逃げるどころの距離でないのを悟り、そこにゆっくりとアグラをかくことにした。しかし、足がガクガクして、とても時代劇の侍大将を演ずる様にはいかなかった。やっとの思いでアグラをかき、今度は「お前より俺の方が強い。」と、思うことにしたのだが、なかなかそう思えなかった。やっとのことでそう思いはじめることが出来たのだが、自分の心臓の音が、むやみに頭の中まで聞こえて来て、「これじゃあクマにまる聞こえだ。困った。」と思った。「そうだ、目を睨むんだ。」と、今度は一生一番おっかない顔をして睨みつけた。と、その途端、向うはもっとおそろしい顔をして唸りはじめた。即座に私は、マタギのおじさんのまちがいを感知し、あわてて睨むのを止めた。

人間同志でも目を睨んだら「眼《がん》をつけやがって」等と、かえってまずいことになることもある。クマも人間と同じなんだと気がついた。動物は人間より敏感である。心の底をクマに悟られては大変である。私は心とは裏腹に、何とかとぼけて空をあおぎ見たり、靴のヒモをほどいてみたり、又結んでみたりと、命がけの演技をくりかえした。

その時ふと、或る動物学者の言葉を思い出した、「動物は言葉より音に敏感である」と。クマの背後はその時ゾッとする程赤い夕焼けだった。私は静かに小声で「夕焼け、小焼け」を歌ってみた。全く祈る気持ちで歌った。すると、何気なしにクマの表情が和らぎ、ゆっくりとその場に犬の様に座ったのである。私は嬉しかった。嬉しくはあったのだが、尚依然としてその場から立ち去ってくれないので困った。私の中はいそがしかった。何とかクマに、家に帰って欲しかった。

その時又、ふと、子供の頃可愛がってくれた死んだ祖母の顔が浮び、優しく唄ってくれた子守唄を想いおこした。そこで今度は、一生一代の優しさをこめて、子供の頃よくきいた子守唄を、静かに静かに歌ってみた。すると何と、ヒグマが得も言われぬやわらいだ顔になってきたのである。そして、ゆっくりゆっくりと立ち上り、二歩、三歩、と、時間をかけて動きはじめ、やがては夕暮れの森林の中に消えて行ったのである。何と長い時間であったことか。私は、しみじみと子守唄の偉大な力を知り、そこにヘナヘナとなった。

子守唄とは、人間のみならず、野獣をも安らかにするのである。きっと植物にだって通ずるんじゃないか。と、今私はそう思っている。ちなみに、ヒグマの去ったあと、わざとゆっくりと約一キロの道を私は歩き、うしろをふりかえって、もう大丈夫と思った途端、偉駄天走りで人家の見える方へ突っ走ったのである。

子守唄、バンザイ、であった。

《荘介からひとこと》

ずい分、古い古いつきあいになります。それも兄弟以上の仲良しで、会えばいつもギターのかけ合い弾きをしたり……、楽しい思い出がいっぱいあります。黒沢作品の『七人の侍』でデビューし、以後、ほとんどの作品に顔を出しました。いつまでも変わらない「万年青年」ぶりは、やはり子供のような純真さと、ものごとに対する興味、そしてシブイ役柄とは反対の明るさからくるのかもしれませんね。

（『日本の子守唄　鑑賞アルバム』より）

第4幕

胸を借りた魂の音楽、作曲家・中村八大さん

「生涯、男に惚れたというのは、あなたしかいない」

一九九〇年、渋谷公会堂でのデビュー十五周年のためのリハーサル

中村八大（なかむら・はちだい）
一九三一—九二。作曲家。ジャズピアニストとして出発。『上を向いて歩こう』『こんにちは赤ちゃん』『黒い花びら』『遠くへ行きたい』などの多くのヒット作を作曲。『上を向いて歩こう』は外国では『Sukiyaki』として知られ、国際的に最も知られる日本の作曲家である。

出会い

私は四十二歳のときに、日本コロムビアから『あやつり人形』というファースト・アルバムをLPレコードで出しました。今じゃあLPレコードなんかないけどね。

当時、『日刊スポーツ』の主催する「洋上レジャー大学」というのがあって、にっぽん丸という一万トンの船に五百人を超える聴講生を乗せて、往復十二日間、十二月から一月にかけて、グァム、サイパンに行くという催しが、何年間か続いていたんです。私は、アルバムを出してから間もなく、船上でギターを教えるということで、その「洋上レジャー大学」に講師として乗船しました。そのにっぽん丸で、同じく講師として乗船していた中村八大先生と出会うんですよ。にっぽん丸には八大先生の娘さんたちも乗っていました。

行きが二日、足掛け三日かかったのかな。南十字星に向かって、船はどんどん南下していきました。すると真冬なのに、一晩過ぎると暖かくなり、また一晩たったら、タンクトップ一枚になるぐらい暑くなりました。

帰りに海がしけて、一万トンの船が木の葉のように揺れてしまったんだけど、私のコン

二、わたしは淋しい操り人形
心の傷が疼いているのに
明るく歌を口ずさんでいる

三、わたしは貧しい操り人形
他人《ひと》には見えない主《ぬし》の糸
自由な明日を夢見て踊る

四、わたしは嬉しい操り人形
今、この糸を切って舞台をおりる
大地を踏んでひとりで歩く

＊日本コロムビアレコードからのデビュー曲です

サートをやることになってたんです。大半の人が船酔いで寝込んじゃって、二百人ぐらいのお客さんしかいなかった。だけど、そのときに八大先生が手伝ってくれたんです。揺れる船の中で、最後に『上を向いて歩こう』をみんなで歌ったのは、八大先生との決定的な出会いでした。

それまで、八大先生とは面識はありませんでした。私にとっては、神様みたいな人でした。そうしたら、どういうわけか、八大先生が私に惚れ込んでくれたんです。永六輔さんが、「八ちゃんが生涯男に惚れたというのは、原さん、あなたしか、私は知らない」と言ったぐらい、亡くなるまでの十三年間、仲良くさせてもらいました。

旅の思い出

亡くなる少し前の一九九〇年に、私は八大先生と二人でヨーロッパを旅して、楽しい思い出をたくさん作ることができました。また、日本全国いろんな所に一緒に出かけて、胸をかりるつもりで随分勉強さしてもらいました。八大先生は音楽に関しては天才的な上に、教えることもうまく、いろんなことを、さりげなく教えてくれました。

一緒にヨーロッパに行ったときに、パリのホテル日航で、私は八大先生と一緒に朝のコンサートをやったんです。たまたまお登紀さんも来ていて、ゲスト出演してくれました。そのときにおもしろいハプニングがあったんですよ。私が『スターダスト』という曲をギターで弾き終わると、半音上げて八大先生がピアノでパーン、パーン……と入ってくることになっていたんです。ところが、私が弾き終わっても、八大先生のピアノが入ってこないわけ。見ると、八大先生がステージにいないの。

それで、客席にいた山崎修さんという仲よしの絵描きさんに、目で合図して、部屋に見に行ってくれと合図したんです。山崎さんが八大先生の部屋に行ったら、ちゃんとステージ衣装に着がえて、テレビをにこにこして見てたというんです。それでその番組が、イギリスのテレビ局のものだったんです。右上に時計が出ていたんだけど、フランスの時刻より一時間遅いんです。あの狭いヨーロッパで、イギリスとフランスとは一時間時差があるんです。八大先生は、まだ一時間あると思ってにこにこしてテレビを見てたの。それで、これはもう大変だということになり、急いで下りてきてくれて、コンサートを何とかやったんだ。終わりに近いころに、実はこういうことだったと話したら、コンサート会場が大爆笑になっちゃったんだけど、それでステージの雰囲気が和やかになって、本当にいいコンサートだった。

八大先生とのこんな楽しい旅の思い出は、ほかにも幾つも幾つもある。八大先生は、音楽の天才だけど、天才的におもしろい人だった。

帰国後、間もなく亡くなってしまうんだけど、八大先生の奥さんから電話があって、「それはそれは楽しかったと言っていました、いい思い出をありがとうございました」と、お礼を言われました。

『海鳥』の思い出

私は八大先生の命日には、必ずお宅に伺って、八大先生のピアノを使って、『海鳥』という、私がシベリア鉄道の中でつくった曲を弾いて供養することにしているんです。この『海鳥』は、私がCDアルバムをつくるときに、八大先生がアレンジしてくれたんです。ものすごく格好いいアレンジですよ。そのアルバムを作るとき、八大先生は、『海鳥』のほか、『どれほど時を越えたなら』『旅の空』をアレンジしてくれました。昔だから同時録音といって、歌と伴奏を一緒に録音するんだけど、その三曲を八大先生のお宅で一緒に聞いていたの。あまりにいい曲に仕上がっていたから、八大先生と二人で気分が良くなって、お酒を飲みたくなって「一杯飲みたいね」と言ったんだけど、家中探しても酒が一滴もなかった。八大先生が糖尿だから、奥さんがお酒を全部捨てちゃって、ないわけよ。それでも「ああ、飲みたいな〜」と言ってたら、ちょうど奥さんが「ただいま」と、誰かのお葬式から帰ってきたの。それで会葬者がいただく折り詰めにちょっとだけついているお酒を持ってきてくれたんです。それを二人で飲んだら、ほんとうにうまかった。だから『海鳥』という曲は、とても思い出があるんですよ。

八大先生アレンジの『海鳥』は、ほんとうにすばらしい。ドヴォルザークの曲みたいに、かぶさってくるんだ。いまでも聞くと、ご機嫌な気分になります。

共演

私は、「二人の会」というコンサートを三十年ほど前からやってます。いろいろなアーティストと二人でやるジョイントコンサートです。いままでに、因幡晃さん、加藤登紀子さん、森村桂さん、舟木一夫さん、吉岡しげ美さんらと共演しています。

八大先生とは一九八三年十一月二十五日に、渋谷のNHKの向かいにあるエッグマンというライブハウスで共演しました。永六輔さんも来てくれました。当時、サロメ角田さんというポルノ女優がいたんですが、彼女が私のファンで、「二人の会」のコンサートに来てたんですよ。

ライブハウス・エッグマンはステージが低いもんだから、かんたんに上がってこれるんですよ。そうしたら八大さんの演奏の前に、ちょっとした間ができて、サロメ角田さんが、ふっとステージに上がってきちゃったわけ。それで、いろんなことをしゃべるもんだから、八大先生との演奏時間が削られてしまっちゃったんですよ。それで、終わってから永さんから、「荘介さん、あれはよくないよ」と怒られたんです。せっかくの八大先生のいい場面を削られてしまったからです。そのとき、さっき紹介した、「八ちゃんが生涯男に惚れたというのは、原さん、あんたしか、私は知らない」というセリフを言って、一所懸命、私を怒ってくれたんです。そのときに八大先生が「永ちゃん、もういい、わかったよ。ほら、お風呂もいい湯かげんになると出るに出られなくなることがあるでしょ。それと同じだと思うんだ」とかばってくれたの。そのことを思い出して、この前、永さんに連絡したら、「俺、そんなこと言ったっけ」と手紙が来た。八大先生との「二人の会」はそんなハプニングもあり、時間が削られたんだけど、とても楽しいコンサートでした。

昔、西武デパート池袋本店にライブハウスがあったんです。そこでも、八大先生は、私といっしょにコンサートをやってくれました。そのときは、よそではめったにやれないクラシックギターの難曲で、スペインのイサーク・アルベニスが書いた『アストゥリアス（レエンダ）』を一緒に演奏しました。これは元々がピアノ曲で、やはり難曲中の難曲。ピアノの楽譜はフラット二つのGマイナーです。それをアンドレアス・セゴビアがギター曲に編曲したんです。そのギターの楽譜では、シャープ一つのEマイナーになっています。知らない人は、もともとギターのために書かれた曲だと思っているぐらい有名で、コンサートの最後に弾いたりする迫力のある名曲です。コンサートでは、八大先生が私のギターを聴きながら、ピアノを弾いてきたんです。もとのピアノの譜面だけでも難しいのに、何の打ち合わせもなく、瞬間にGマイナーからEマイナーに移調して、さらりと弾いてきたんで、ひっくり返りそうになるぐらいびっくりしちゃいました。

そのころは私も難曲に挑戦していたので、そのコンサートではエンリケ・グラナドスのスペイン舞曲の第五番も、八大先生と一緒に演奏しました。今思うと、録音しておけばよかったと思うのですが、残念です。でも私にとっては、かけがえのない思い出です。まさに、八大先生の胸をかりたという感じです。おそらくクラシックのギター奏者で、八大先生のピアノと共演した人はいないと思いますよ。これは私の自慢です。

一九九〇年に渋谷公会堂で開いた私のステージデビュー十五周年記念リサイタルにも、八大先生とお登紀さんがゲスト出演してくれました。そのときのビデオはあります。

ビデオを見ると、今でも泣いてしまいます。きれいに撮れていて、お登紀さんもかわいいしね。バックのミュージシャンで亡くなった方も、何人かいるんですよ。実は私、自分のものを見たり聞いたりするのが大嫌いで、十五年間それを見なかったんです。ところがステージデビュー三十周年記念リサイタルをやることになったときに、そういえば何か撮ったのがあったなと思い出して、十五周年のビデオを見たの。見たときは、しまった、もっと早く見ていれば、こんなすばらしい場面を見れたのにって、後悔した。すごくいいんです。私と八大先生、お登紀さんと、三人で肩組んでる場面もあるんですよ。ビデオは流れもよく捉えてあり、私の宝物です。渋谷公会堂を満員にした十五周年記念リサイタルのころが、一番私が輝いていたんだろうね。当時私は五十歳、八大先生が五十九歳、お登紀さんが四十七歳でした。

共演の達人

ギターがボーンと低音を弾くじゃないですか、そのときにね、八大先生は、絶対ピアノを同時に弾かないんです。微妙にずらしてくるんです。ギターの音を消さないようにしているんです。これぞ天才のなせるわざです。

これはすごく勉強になりました。たまにしかやらないけど、私もお弟子さんにピアノで伴奏するときは、瞬間的にそれをやります。ほんの数分の一呼吸だけピアノを遅らせるんですよ。そうすると、ギターを殺さない。本当に、相手を生かすことを教えてもらったと思います。

それは私たちひき語りの世界でも、ギターと歌を両方自分がやってますので、なるべくギターは控えめにして、声とギターで、一足す一が三になるような工夫をします。ところがやっぱり初めてひき語りをやる人は、ギターが強過ぎたり、歌が強過ぎたりして、アンバランスになるわけですよ。それをギターと歌が助け合っていくような工夫をしながら、何十年も弾いていると、バランスがわかるけど、私は八大先生からそういうことを教わったんです。

ピアノとギターが共演するとき、けんかになったら、ピアノのほうが音がでかいので勝ちます。そうじゃなくて、会話するように演奏すると、実に鮮やかな共演になります。シャンソンの名伴奏者永縄真百合さんと映画音楽のCDを出しましたが、ギターとピアノで見事に会話ができましたよ。楽譜には書きこめない呼吸を、八大先生から教えてもらっていたからです。

八大先生と石井好子先生

八大先生の弾くピアノを、舞台の袖で何回も聞いたことがあるけど、とにかくすごかった。シャンソン歌手の石井好子先生も、「八ちゃんは天才少年だったよ」と、はっきり言ってた。久留米の石井先生の実家に、中国大陸から引き揚げてきた八大先生が中学のころお世話になってたらしいんです。不思議な縁だよね。

そのときの八大先生に対する印象がずっと残ってたんでしょうね、石井先生が日航ホテルのシャンソニエで歌ってるときに、八大先生が目の前にいたもんだから、緊張して歌詞を間違えちゃったんだ。石井先生は、「ごめんなさい、八ちゃんが目の前にいるもんですから、歌詞間違えました」と、すなおに謝ってた。そのコンサートもすごく楽しかったですよ。まだ八大先生と私が出会う前のことで、すごい人が聴きに来るんだと思ってました。

お礼にいただいた五つの曲

先ほど話したパリのホテル日航でのコンサートの後、私は八大先生と、当時私が活動拠点にしていたベルギーを旅しました。そして帰国すると八大先生は、さっそく訪れたブルージュ、アントワープ、ブリュッセルの街の印象をテーマに五つの曲を作り、私にプレゼントしてくださいました。『ブルージュの情景　一』『ブルージュの情景　二』『アントワープ』『小便小僧』『ボンボヤージ』です。

八大先生が、楽譜といっしょに、ピアノを弾いて録音したカセットを、お礼にくれたんです。

このうち、『ブルージュの情景　一』『ブルージュの情景　二』『ボンボヤージ』には、歌詞がついています。

この五曲は私しか演奏できないんだから、絶対におもしろいはず。私のリサイタルでやれば最高だよね。大きな編成ではなくて、うちのアリエントのグループに、ヴァイオリンかヴィオラを一本ぐらい加えてね。

『ボンボヤージ』は、日本のシャンソン界の大御所、古賀力《つとむ》さんが「私がつける」といって、詞をつけてくれました。常陸宮殿下が来てくださった一九九四年に開いたコンサートに、私のギター伴奏で、石井好子さんが歌ってくれました。「旅の途中で足を止めて　長い旅路を振り返れば　夕焼け空の山の彼方　幼いころの日々が見える。いつも頭に日の光を　心に春を歌い続け　いま思えばあれもこれも　楽しい旅の思い出なのね。ボンボヤージ　優しかった人たちの幸せを　ボンボヤージ　遠くから幸せ祈っています」という詞です。いい歌でしょう。まさにシャンソンです。

八大先生の遺作だから、最後は、「ボンボヤージ（よき航海を）」と言ってるんですね。まさに暗示ですね。古賀さんがつけてくれた詞を、人生、そして宇宙船「地球号」からさよならする八大先生の思いとして、私は大きく捉えています。ヨーロッパ旅行から帰って、この曲を作ってくれてから、自分の人生にさよならするんです。みんな、よき航海をといって、自分は船から下りる。きっと旅を続ける人たちへのメッセージなんじゃないかなと私は思っています。いい歌です。
古賀さんはシャンソン歌手であり、シャンソンの訳詞者としてとてもすばらしい方です。芦野宏さん亡き後、シャンソン界の大御所中の大御所です（昭和九年生まれで、八十歳を超されました）。

中村八大作曲の新曲披露というのをやってもいいかもしれませんね。それぞれの曲には、曲ができるに至ったおもしろいエピソードがあるんですよ。

『ブルージュの情景 二』は、ブルージュの橋の上でじっとたたずんでいた八大先生そのままを、私が詞にしたんです。「今は懐かしあの町角 夢のように 過ぎていった日の思い出 静かに時の流れに身を委ねながら語り合った 夕暮れの町ブルージュよ。古い町並みを眺めながら 優しい目を細めていた 橋の上で 歩くことさえ忘れるほど心うつろいでたたずんでいた きれいな町ブルージュよ」という歌です。

『ブルージュの情景 一』もすてきなメロディですよ。詞をつけたのは、直木賞作家の笹倉明さん。八大先生が亡くなった後、「どうしても俺が詞をつけるんだ」といって、作詞したんです。「ふとした出会いは夏の日の 町角のカフェで あなたは旅人 この恋は消えずに残るとわかってた」という詞で、サビが「別れを告げるあなたに せめても真心贈る。いつまた会えると約束が　できない悲しみこらえて」となっています。いかにも笹倉さんの、どこかせつない感じがよく詞に出ています。

『アントワープ』には、まだ詞がついてないんだけど、とてもきれいな曲です。アントワープは、ゲント、ブルージュとともに、フランダース地方の三つの古都の一つです。八大先生は、その街がとても気に入ったみたいです。『フランダースの犬』の舞台になった教会に、私の知り合いの宝石会社の社長さんが住んでいて、そこに泊めてもらいました。

すてきな切ない想い出です。

『キクヨおばさん』の音楽

この五曲のほかに、八大先生にいただいている曲が二つあります。

八大先生が亡くなった後、八大先生が育った久留米にコンサートに行ったんです。そしたら、先生の姪っ子さんが、コンサートに顔を出してくれて、二つの楽譜を託してくれたのです。八大さんが一番かわいがってもらったおばさんが亡くなった一九八九年につくった『キクヨおばさんの笑顔』『キクヨおばさんが楽しく天国に行くときの音楽』という二曲です。『キクヨおばさんの笑顔』には、八大先生が詞も書いていて、「キクヨおばさんありがとう　みんなが幸せになりました。楽しいときも悲しいときも　おばさんの笑顔で勇気が出ました。みんなが幸せに生きてます」という歌になっています。八大先生の温かい人柄がよく出ていると思う。これも私の宝物です。

八大先生が六十一歳で亡くなってから、およそ四半世紀になります。私より九つ上です。ついこの前、亡くなったような気がするんだけどね。

だからもたもたしてると、八大さんを知ってる人がいなくなるおそれがある。もう若い人たちは、八大先生のことを知らないでしょう。だから八大先生が残したすてきな楽曲を、次の世代の人たちに伝えるのが、私の役割かなと感じています。

永六輔さんのこと

二〇一六年七月に亡くなった永六輔さんは、思いがけない所でばったり会うと、

「原ちゃん、元気？」

とよく気軽に声をかけてくれました。

また、予期しない時にどこか地方からハガキが届く。読むと、ひとこと「原ちゃん元気?」とだけ書いている。

オトキさんのコンサートで隣り合わせたとき、「いつかいっしょに何かやりたいね……」。あるとき、

「ねえ、原さん、子守唄はどうしてあんなに残酷なの?」

「うん、僕自身、子守唄に興味をもったのが、その歌詞の残酷さだったから……。永さん、今度、いっしょにそういうことを主題にしてコンサートをやりましょうよ。」

「そうだね……」

こんなこともありました。永さんの事務所から連絡があって、ボイストレーニングを中心にして、いろいろ勉強させてくれと、ひとりの青年が私の事務所を訪ねてきました。

背が高くて、とても礼儀正しい好青年。

名前は衣笠友章くん。役者をめざしているということでした。

どこかで聞いたことがある苗字だと思ってたら、国民栄誉賞の野球選手、鉄人、衣笠元選手の息子さんでした。

かれこれ三年ほど通い、ギターもそこそこ弾けるようになって羽ばたいていきました。

今どうしてるのかなって思いますが、レッスンを卒業して間もないとき、NHKのドラマに出演しているのを観て、涙が出るほどうれしかったことがつい昨日のように思い出されます。

もうひとつ、まだ、渋谷の公園通りにパルコ劇場があった頃、そこの地下に有名なシャンソニエ「ジャンジャン」がありました。そこで永さんが「六輔七転八倒」というイベントをやっていた。私と中村八大さんとがゲスト出演しました。

あのライブハウスは不思議な作りで、ステージ上から客席を見ると、何か右側と左側に逆ハの字のように分かれていて、どこへ目線をもっていけばいいのかとまどったことを想い出します。

ラストスパート

私と同じ歳の仲間たちは、いろんな意味でもういいやと言って達観している人が多いんだけども、私の場合は十年間病気してたから、私はその十年を取り戻して、八十歳までに何かをやりたいと思っています。

今はニュースを見ても、子供が殺されたり、何かわけのわからんような暗いニュースが多い時代だよね。人間の顔をしてるけど人間の心を失っている人が大勢いるような時代に、何かが求められているんじゃないかなと思うんだよ。そんな世の中に対して、私は子守唄で勝負したい。

それでまた突拍子もないことを考えて、三鷹の駅のそばにある武蔵野のレッスン場に、子守唄だけを流すFM局をつくる夢をもっています。

いよいよ、人生のラストスパートだね。

結局、世の中に何を残すか、何を伝えるかだよね。どのみちいなくなるんだからね。それを、楽しみながらやりたいですね。

大事なのは、人とつながるということ。私は、子守唄を通していろんな人とつながりたいと思っているのです。

私と子守唄

中村八大

私は中国の青島《チンタオ》で生まれ、赤ん坊の頃はずっと中国人の乳母が子守をしてくれていたので、幼い時に日本の子守唄を聞く機会はなかった。

子守唄らしい歌声に初めて接したのは、小学生の中頃。ある声楽家のコンサートで山田耕筰編曲の「中国地方の子守唄」を聞いたのが、最初ではなかったろうか。外国のクラシックの名曲の中にも、「ジョスランの子守唄」とか、他にも所謂芸術歌曲の分野の子守唄は多々あるが、これらの曲が実際に、幼児に向かって歌われる事は、なかったのだろう。

しかしこれらの歌曲用の子守唄は、仲々に情緒豊かな名曲揃いなので、私達はこれらの曲を聴いては、懐かしい幼時を振り返り見る事が出来るのだった。

では昔々、実際に歌われた日本の子守唄の数々は、どんな子守唄だったのだろうか。この子守唄CDの中にも多々見られるように、子守唄の内容は、幼な児を安らかに寝かしつける目的だけの、心優しい曲ばかりではなかったようだ。

昔々、人手がたくさん有った頃は、豊かな家庭では、子守専門の若い娘さんを雇う事が普通だったのだろう。そして、それ等の娘さん達は、人前では赤ん坊に対して、やさしく振る舞っていたけれど、赤ん坊と二人きりになると、娘さん自体の恵まれない生い立ちを呪うあまり、赤ん坊に対して、おどろおどろしい言葉で、子守唄を歌っていたのだろう。

色々な子守唄の歌詞をじっくりと眺めて見ると、実に恐ろしげな言葉が並んでいる事がある。多くの守子達は、赤ん坊に対して、おどろおどろしい言葉を浴びせかける事によって、自分自身のわびしい環境を自ら慰めていたのかもしれない。

日本の子守唄のメロディーは、ほとんどが単純な旋律が多い。多分に似かよった旋律があちこちにある。しかし、そこで歌われる数々の言葉の内容は、千差万別で、各土地の方言が多様に入り交じり、何を言っているのかわからない時も多々ある。

さて、ここで子守唄だけでなく、所謂我々の言う「童謡」にも目を向けてみよう。

最近、一種のブームのように童謡を歌ったり聞いたりする事が流行っている。中でも、由起さおり、安田祥子姉妹の歌う「童謡コンサート」は、客が多く、大盛況のようだ。

童謡だって、人々に愛され、親しまれて行く事は、とても喜ばしい事だ。

しかし、実際には、子守唄は幼児の為には歌われず、童謡も子供達に歌われ、親しまれているとは思えない。幼児達は、TVの影響でいきなり「踊るポンポコリン」等、ロックのリズムから音楽を覚えて行く。子守唄も童謡も子供達の為でなく、生活に満ち足りた大人達の郷愁の音楽になってしまったのではないだろうか。

私は、幼児期に子守唄を聞かなかったと同時に、外地ではお祭りもなかったので、お祭り屋台の魅力的な賑々しさも知らないし、鐘や太鼓のお囃子も知らず、ましてやお神輿の勇ましい行進にも接した事がなかった。

終戦で引き揚げて来て、郷里に落ち着いてから初めて、このような日本的な行事の数々に、身を浸らせる事が出来るようになった。

しかし、中学生の中途から、これらの日本的情感に浸る事が出来ても、無意識の中にこれらの情感を、血と肉の中に憶えこませる事は出来なかった。この事は、日本人の私にとって、とても不幸な事と感じている。

現代は、世界中の交流がはげしく、外地で生まれ、生活して行く日本人は、益々増えていると思われるが、私達が祖先伝来に受け継いで来た、日本的情感、感性と言ったものを、もっともっと大切にし、世界の中の、独得の文化を背負った日本人として、誇りを持って生きていきたいと思っている。

《荘介からひとこと》

たくさんのヒット曲を作曲し、名ピアニストとしての八大先生。私はずい分ステージでご一緒しながら胸を借りてきたえられております。九〇年にパリでコンサートをした後、ベルギーの古い町「ブルージュ」と「アントワープ」へ行きました。そこの印象をもとに五曲ほど作曲をしていただきました。それは、私の大切な宝物です。

(『日本の子守唄　鑑賞アルバム』より)

第5幕

素敵な姉御、歌手・石井好子さん

「これは気持ちだからね」

石井好子（いしい・よしこ）

一九二二—二〇一〇。シャンソン歌手。米国留学をへて一九五一年に渡仏、パリを中心にヨーロッパほか世界各地で活躍。帰国後は石井音楽事務所で加藤登紀子らの歌手のマネジメントのほか、自身も舞台で活動。『巴里の空の下　オムレツのにおいは流れる』等の名エッセイでも知られる。

石井先生との出会いと魅力

石井先生との出会いは、随分前のことで、どこでどうしてというのを、具体的には思い出せないんです。親友の加藤登紀子さんが、東大生のときに、アマチュア・シャンソン・コンクールで優勝し、石井音楽事務所からプロデビューしました。そんな関係で、千葉県の鴨川で開かれた、お登紀さんと夫の藤本敏夫さんの結婚一五周年記念パーティーで初めてお会いしたのかもしれません。お登紀さんの大事な節目の場には必ず石井先生がお見えでしたから。また私の大好きだった中村八大先生が旧制中学校に通っていたときから、石井先生とは交流があったので、八大先生を通してだったかもしれません。

本当にすてきなお姉ちゃま感覚なんですけれど、あったかい人ですね。

それに、私はすごい美人だと思ってるんですよ。足はきれいだし、姿勢もいいし、背も高い。日本人ばなれしてる。

性格も日本人ばなれしてる。ＮＨＫの近所や、街のなかでばったり会うとね、わーっと言って、ハグしあうのです。それがとても自然で、かっこいいの。そういう人と出会えて最高に幸せでしたね。

石井先生は、やることすべてがかっこよかった。それでいて、同じ目線でしゃべってくれる。どこへ訪ねていっても、実に気持ちよく応対してくれた。見事にそうでしたね。

オランピア劇場でのリサイタル

いちばん思い出深いのは、石井先生が一九九〇年十二月五日に、パリのオランピア劇場で、日本人として初めての個人リサイタルを開いたときのことです。

私はそのころ、ベルギーの首都ブリュッセルに住んでいました。ブリュッセルからパリ北駅までは特急電車で二時間の距離です。その日はものすごい雪で、それに風が加わり吹雪になりました。車窓から見る外の景色はまるで私が学生時代を過ごした北海道の小樽から札幌までの風景と同じ。北海道にいるのかなと錯覚するほどでした。

電車は定刻よりも一時間ほど遅れて到着しました。雪のパリはとても雰囲気がありました。やっとのことで劇場につきましたが、入口もなかもひっそりしていました。夜の七時四十五分、開演まで十五分しかないのに、お客さんはぱらぱらとしかいません。私は心配でたまりませんでした。八時になっても、席はがらがらです。十五分になって、イブ・モンタンさんが入ってきてすぐ席につきました。そして二十分になってから、会場がいっきょに満杯になりました。猛吹雪という悪条件と、「パリ時間」が偶然重なったからなのかもしれませんが、ほんとうにハラハラしました。

リサイタルは、涙がでるほどすてきでした。このリサイタルはNHKで放映されたので、見た方も多いと思います。演奏が終了してから楽屋へ顔を出しましたが、ものすごい熱気と人でいっぱいでした。六日後の十六日にお昼を一緒にする約束をして、ブリュッセルに帰りました。

十六日、再びパリへ向かいました。昼食の前に「これは気持ちだからね。何も言わずに受け取ってちょうだい」と、石井先生は白い封筒を差し出しました。

私も素直に「はい」と受け取りました。楽しい食事が終わり、石井先生と別れ、ブリュッセルに向かう電車の中で、封筒を開けてみました。中にはまとまったお金が入っていました。石井先生は、私がヨーロッパにいる日本人の子供たちに「心」を運んでいる活動を励ましてくれてました。私はポロポロ涙を流しながら、パリの方に向かい、心の底から「ありがとう」と言いました。

翌年、私は、盲目のジャズ・ピアニストのニコ・バンクーバー、ベーシストのシモン・バンクーバーの兄弟と、ソニシ・バンクーバー・トリオを結成し、一九九四年には日本デビュー・ツアーを行いました。常陸宮殿下がお見えになったサントリーホールでのコンサートには、石井先生に特別ゲストをお願いして、歌っていただきました。

石井好子先生の人柄とシャンソン

石井好子先生のことを思い出してみると、先生は、誰に対しても上から目線じゃなかったですね。石井音楽事務所の社長として、言葉の上では、命令口調になったこともあったと思うけど、人と接するときの姿勢はいつもそういう感じでした。とてもスケールの大きな人でした。

二〇一〇年に石井先生が亡くなった後、お別れ会が帝国ホテルで開かれたけど、セレモニーがない会でした。広いところに、祭壇がつくられ、大きな写真が置かれていて、みんな、その写真の前でじっと立って、無言で石井先生と対話しているんですよ。私の仲良しも何人もいたけど、みんなそうしていました。それを見て、石井先生はすごい人だったんだなあと、しみじみとあらためて思いました。

石井先生は、最初、東京芸術大学の声楽科で、ドイツ歌曲のソプラノ歌手として、クラシックを勉強しました。そして戦後、アメリカにジャズを勉強しに行くんです。アメリカでジャズを歌っていて、そのとき偶然シャンソンの魅力にとりつかれて、今度はフランスに渡って、シャンソンを歌うようになったんです。

ぼくらが若い頃、石井好子先生といえば、シャンソン歌手と、音楽プロダクションの社長という、両面をもっていました。お父さんの石井光次郎さんが、有名な政治家だったので、色めがねで見た人もいたと思います。

石井先生は、シャンソンを歌い始めてから、しだいに声のキーが逆転して、低音になりました。低音になってから、私は、石井先生の歌がすごく好きになりました。私みたいにいい年こいて高い声で歌うのもいいけど、石井先生の歌を聴いていると、年とったら年とったなりの、身の丈にあったキーってのがあるんだろうなあと、しみじみ思います。

ギターの曲もそうですよ。十代、二十代のころばりばり弾いてたものを、七十過ぎて弾いてたって、だれも褒めてくれない。せいぜい「おお、年のわりにはやってるな」っていうぐらいでしょ。だけど、難易度がその十分の一くらいのやさしい曲でも、音《ね》の色と、間《ま》のとり方と、強弱で、聴く人の心に迫ることはできます。そのことが、このごろになってやっとわかってきました。石井先生は、やはりすごい人だと思います。

亡くなってからも、私の中では石井好子先生は消えていません。

石井先生は、多くの人の心のなかに生き続けているんじゃないですかね。

お父さんの子守唄

石井先生は姉一人、弟二人の四人姉弟で、お姉さんが生まれた直後にお父さんがお母さんを伴って、海外視察の旅に出たそうです。当時は、飛行機の便もなかったので、ヨーロッパへの船旅は往復だけで二カ月以上かかり、半年がかりの大旅行になります。その間お姉さんはお祖母さんにあずけられていたために、お姉さんは、お父さんお母さんはいつもいないもんだと思って、おばあちゃん子になったそうです。それで石井先生が生まれて、みんなにかわいがられているうちに、翌年には弟さんが生まれた。弟さんが生まれたら、当然の話だけど、お母さんの愛情は弟さんの方にいっちゃった。それをお父さんが不憫に思って、「好子、好子」と言って、特別にかわいがったそうです。

石井先生が、子供のころ夜寝付けずに寝床でしくしくしていると、少し酔っ払って宴会から帰って来たお父さんが、ちょっと調子がはずれた子守唄を唄ってくれたそうです。石井先生が、私にその歌詞を書いてくれました。ただ心残りなのは、この子守唄のメロディーをお聞きする前に、先生が亡くなってしまったことです。メロディーをなんとかして探し出したいと思ってます。こういう歌詞です。

南京街に　陽はくれて
帰るあめ屋の　おじいさん
からから、ころころ
からから、ころころ
からから、ころころ
からから、ころころ　吹きならし
坊ちゃん、お嬢ちゃん
さあさ　おねんね
また明日

愛情をみんなに持っていかれちゃって寂しいだろうという、お父さんの思いが幼かった石井先生に伝わったんでしょうねえ。お母さんもシューベルトの子守唄やブラームスの子守唄を唄ってくれたけど、思い出すのはお父さんの子守唄だということを、石井先生は書いてます。それを読んで、ほんとに切ない気持ちになりました。お父さんの石井光次郎さんは当時、とても多忙だったでしょうが、子守唄を歌ってくれて、本当に良かったと思います。

お父さんの愛情の注ぎ方としては、ちょっと偏っていたみたいだけど、石井先生は、やたらかわいかったみたいですね。そういうことを書いてある石井先生の文章を読むと、人っていうのはそれぞれ親との接点を、記憶のなかに持ってるものなんだなあと思います。

石井先生の優しさと不思議な偶然

私は、一九九一～九二年にベルギーを引き払うちょっと前に、足をこわしてしまいました。使えない薬があるため、ベルギーで手術できないということになって、飛行機を乗り継いで、私が信頼している伊野部淳吉院長がいる高知整形外科病院にたどり着いて、手術してもらいました。そのときは、四ヶ月入院しました。入院中に、石井先生から励ましのお手紙、新しく出したCD、それにお見舞金が届きました。石井先生はとても優しいんです、私が苦しんでいるところに、そっと手を差し伸べてくれたんです。

そのとき、ほんとに偶然なんですが、お登紀さんがコンサートをやるっていうんで高知へ来て、一人で病院にお見舞いに来てくれたんです。病院の人は「なんか見たことある人が来たんだけど、まさか」っていう感じで、みんな見てました。私は「原荘介」じゃなくて本名の「小笠原荘介」で入院しているでしょう。「原荘介ってだれなんだ」という話になったりもしました。それでお登紀さんが病室に訪ねてきてくれたけど、私は手術後で苦しいし、めまいはするし、もうとにかく具合が悪くてね、ものすごい不機嫌だったの。お登紀さんも困っちゃってね、「明日コンサートだから帰るからね」って言ったの。私も「帰れば」なんて言い返しちゃったもんだから、お登紀さんは困りきっていたのです。そこへちょうど石井先生からの手紙が届きました。そしたら翌日、朝早く、「加藤登紀子コンサート」を企画した高知の現地スタッフのひとがCDデッキを持ってきてくれたんですよ。「好子先生からCDが届いたみたいだけど、道具がないようだったから」って、お登紀さんが手配してくれたんですね。すぐ石井先生のＣＤを聞かせてもらいました。あの場面は忘れられない。お登紀さんが見舞いに来てくれて、そこに石井先生からの手紙が届いたあのタイミング、いまでも不思議な気持ちになります。退院した後、山梨県の石和温泉でリハビリをやっていたときにも、石井先生から励ましのお手紙をいただきました。石井先生のお手紙とお登紀さんのお見舞いには、ほんとうに感謝しています。永六輔さんもよくお手紙をくれました。永さんも優しいんです。短いんですが、「元気？」とか、「どうしてる？」とか書いてありました。

石井先生と私、年は相当違うんですよ。私が昭和十五年生まれで、石井先生は大正十一年生まれだから。

私は若い頃、やんちゃだったからねえ。石井先生は、私が日本音楽家ユニオンを創立したころを知ってたし、小笠原という本名で、若造のくせに芸団協で組織委員長やってたことも知っていた。やんちゃがおもしろかったんじゃないかな。当時は、石井先生、知ってて知らんふりをしていた。石井先生には、今でも「会いたいなあ」って思います。

ほほえみの人

石井好子

二十周年おめでとうございます。

原さんとはずいぶん前からの知り合いですが、親しくなったのは私が一九八八年始めてパリのオランピア劇場に出演したときからです。ベルギーからわざわざ聞きにきてくださり翌日は二人でワインを飲みながらゆっくり話し合いました。

原さんがベルギーで孤軍奮闘しながらギターを片手に歌っていることや、不幸な子供達のため、小学生のためにチャリティーコンサートを開かれていることを知りました。

私も若い頃、日本人歌手としてパリを根拠地として、ドイツ、イタリー、スイス、スペインを歌い歩いていたので意気投合したわけです。

以来なんかにつけ原さんは会いにきてくださいます。

昨年の「ソニシ・バンクーバー・トリオ」日本公演では盲目のベルギーのピアニストの方と共演され、私もゲストとして歌わせていただきました。

心の暖まるコンサートで今年も第二回目の公演が行われましたが、しみじみと原さんの愛情が伝わってきて感動しました。

原さんが舞台の上からニッコリほほえみかけるとき、私たちも思わずほほえんで会場に優しさがあふれます。

すてきな原さん。

益々のご活躍を心からお祈りいたします。

（一九九六年一月八日　安田生命ホール「原荘介二十周年リサイタル」コンサートプログラムより）

父の子守唄

石井好子

私は姉そして二人の弟の四人姉弟である。姉が生れた直後、父は母を伴ない海外視察の旅に出ているが、その頃は旅客機もなかったから船の旅でヨーロッパ往復は二カ月以上かかり、したがって半年がかりの旅であった。そんな事で帰国したとき祖母にあずけられていた姉は、父母にはなつかずおばあちゃん子となった。

私が生れた一年後弟が生れた。私が嫁にゆくとき母が育児日記を渡してくれたが、その日記の中に父は「生れたばかりの弟に母の膝をうばわれ、姉は祖母の元にゆき、好子は一人で遊んでいるのがいとおしい」と書いている。幼児の頃の私は元気で喰いしん坊で、父がキャンディー片手に「ここまでおいで」と呼ぶとどこ迄もついていったらしい。

父が、可愛いのと面白いのでキャンディーをあたえつづけたために、私は大病となり死にそうになったという事だ。以来父は心痛のあまり、私の事を他の姉弟よりも大切にした。帰宅をして子供達が父を迎えに玄関に飛んでいってもまず私を抱きあげ「お宝お嬢ちゃん、お宝お嬢ちゃん」と頬ずりした。「好子はお父さんっ子」と言われながら育った。

私は子供の頃から寝つきが悪かった。二階の八畳の間に姉と弟達と四人、枕を並べて寝ているのに皆眠っても一人、目がさえて眠れないでいた。階下で働いている人達の話し声や母の声がとだえ、だんだん静まりしんとした中で一人起きていると心細くなって、しくしく泣いた。

そんな時、少し酔っぱらって宴会から帰って来た父が、子供部屋をのぞき、一人眠れずにめそめそしている私を見つけてびっくりして、添寝しながら子守唄を歌った。お砂糖だったそうだが「眠り薬だよ」と言って白い薬を飲ませた。父は唄も下手だったし、音楽に趣味はなかった。その父がいささか調子はずれに歌う子守唄はいつも同じだった。

「南京街に　陽はくれて

帰るあめ屋の　おじいさん

からから、ころころ

からから、ころころ

からから、ころころ

からから、ころころ　吹きならし

坊ちゃん、お嬢ちゃん

さあさ　おねんね

また明日」

と終わる。

父が二、三回くりかえすころには私は父の胸の中で安心して眠っていた。母は父と違って音楽が好きだったし、ピアノや声楽も習った事があり、三味線は誰もがほめる程うまかった。母はシューベルトの子守唄やブラームスの子守唄を歌った。しかし、それは子供達を寝かしつけるためではなく、自分が歌いたいため、聞かせるためであった。勿論、私達を寝かしつけながら子守唄を歌ってくれたこともあるだろうに、私のおぼえているのは父の子守唄だけなのが不思議である。

《荘介からひとこと》

パリ……オランピア劇場での「パリデビュー四十周年記念リサイタル」。日本人としては、はじめての単独コンサートを開くために、猛吹雪の中、ベルギーのブリュッセルから汽車で向ったのが、夢のように思い出されます。あのすばらしいコンサートの感動が今でも胸に熱く、よみがえってきます。

お話をしているときのあの可愛らしさ、優しさは一体どこからくるのでしょうか。会うたびにそう思います。

（『日本の子守唄　鑑賞アルバム』より）

第6幕

童女のごとき作家・森村桂さん

「輝くには光が要る」

森村 桂（もりむら・かつら）

一九四〇―二〇〇四。作家。ニューカレドニア旅行の体験を書いた『天国にいちばん近い島』がベストセラーに。以後『違っているかしら』『私の逢った神さまたち』『それでも朝はくる』『アリスの丘の物語』『父のいる光景』等八十冊以上の作品を発表。一九八五年に軽井沢に手作りケーキの店「アリスの丘」を開く。

出会い

出会いは、たしか一九七八年のころだと思うんだよね。私が全音から四二冊本を出している中の、真ん中辺かな、『ミンストレル・ブック』というギター教本を代々木のホテルで泊まり込みで書いてたんですよ。そのとき急に梅干しが食べたくなってお登紀さんに電話したら、「うん、おいでよ」って。そのころお登紀さんの住んでいたところが、ホテルから歩いて行ける距離だったからおじゃましたの。偶然そこで、桂さんと出会ったんだ。そのときに桂さんは私のことを、ウクライナ人だと思ってたらしい。それ以来だから、長いといえば長い。

随分たってから、私の弟を紹介したら、「わあ、似てるね。ねぷたの目だ」と言うの。私ら兄弟の目は、津軽のねぷたの目と同じだと。彼女の感性、表現はおもしろいなあと思いました。

一九八一年にお登紀さんの末っ子、三女の美穂ちゃんが生まれるときに、お登紀さんは休業したんだよ。コンサート活動を停止したのね。それで私が「原荘介　加藤登紀子を歌う」というコンサートをやったの。青山のクレイドルサロンという三百人近く入るホールで。そのとき桂さんにゲストで来てもらった。たしか六月一日だったと思うけど、運よく美穂ちゃんが生まれたんで、お登紀さんもそのコンサートに駆けつけてくれたんです。そのときは、私は全曲お登紀さんの歌を歌ったんです。

あと桂さんは、荻窪駅のすぐそばに「もうひとつの学校」という、何となく人が集まれるようなサロンを作った。桂さんのファンは結構多かったからね。桂さんは毎年チャリティをやってたんです。そのチャリティ活動で私は「新宿の母」の栗原すみ子さんに出会うことになります。

ほかにも桂さんは、その後私の仲良しになるジュディ・オングさんを紹介してくれました。大分昔のことだけど、『クロワッサン』という雑誌に、桂さんの「友達の輪」というのが出ていて、私やお登紀さんも入っていました。お登紀さんから私に繋がっていたのか、私からお登紀さんに繋がっていたのかなあ。その中に、吉永小百合さんとか八人ほどが「友達の輪」でつながっていました。

心を病む

森村桂さんは、もう大変な売れっ子でした。一九六六年に出版したニューカレドニアを舞台にした『天国にいちばん近い島』で一世を風靡しましたけど、二百万部売れたんですよ。一九六八年度のＮＨＫの朝ドラの「あしたこそ」の原作が、『天国にいちばん近い島』だったと思います。どこの本屋に行っても、ずらっと桂さんの本が並んでいた。今は、一冊も見ません。

あの人は絵も描いたんです。メルヘンチックな絵。高島屋でよく個展をやってました。私が会場にふらっと遊びに行くと、うれしそうに、「皆さん、ギタリストの原荘介さんです」って紹介してくれました。童女みたいな人でしたね。

子供っぽくて、どこか成長し切れてないところがあった。一九八〇年代の初めだと思うんだけど、『ＰＨＰ』という雑誌に、桂さんが「輝くには光が要る」というタイトルで、私のことを書いたんですよ。友達はそれぐらい大事なものなんだということを、言いたかったんだと思うんだ。

でもね、実は私と出会った一九七八年には、もう桂さんは躁鬱病で苦しんでた。今いろんなことを思い出して来たけど、桂さんは「新宿の母」のおすみさんに見てもらった時に、あなたにはこれこれ、こういう感じの人が現れるよと言われたそうで、その人が再婚することになる三宅一郎さんなんです。年下で、ビクター音楽産業の社員だったんだけど、桂さんの才能に惚れ込んで、会社をやめて結婚し、桂さんのマネージメントを専門にやるようになったんです。二人で軽井沢に「アリスの丘」というケーキのお店をつくって、そこへ今の天皇陛下と皇后陛下が時々遊びにおみえになったそうです。

私が二六年かけて一三八曲の子守唄をCD八巻にまとめた子守唄大全集『日本の子守唄』を作ったときに、詩を書いてくれて、CDの各巻の絵を描いてくれたんだ。それが、「お月さまの子守唄」の絵と詩です。この詩に私が曲を付けて、CDの各巻すべての冒頭に、この唄を入れました。

三日月お月さま、どこでねるの
お舟ゆらゆら空の海
かわいいお姫様、子守唄

この曲は、京都に行ったときに渡月橋の上でつくったんですよ。今、子守唄協会のイベ

三、街のお月さまどこでねるの？
ピカピカビルの窓の下
やさしい母さんの子守唄

四、まんまるお月さまどこでねるの？
ふんわりふわふわただよって
やさしい雲さん胸の中

五、海のお月さまどこでねるの？
ひとりぼっちでさみしそう
仲良しお月さま水の中

六、星空お月さまどこでねるの？
きらきらどこでも大合唱

七、山のお月さまどこでねるの？
みんなで仲良くゆりかごで
ころころころげて山のかげ
谷間のベッドですやすやと

八、お昼のお月さまどこでねるの？
おんなじお空に太陽さん、
うっとりこっくりひとやすみ

ントで時々歌ってます。NHKの「うたのおねえさん」をやってた稲村なおこさんとかみんな応援して、途中からハモってくれたりしてね。

桂さん、お登紀さん、私の三人は、もう本当に兄弟姉妹のようなつき合いをしてたんです。桂さんは私より一〇日間ぐらいお姉ちゃんで、登紀子さんより、ちょっと上。吉永小百合さんよりもちょっと上だね。

桂さんの思い出というと、ノイローゼになって、物を食えなくなったことかなあ。そのころ西荻に住んでたんだ。西荻窪駅から五分位のところに広い家があるんですよ。いい家だけど、今は誰も住んでないようです。そこはよく遊びに行ってたんだ。あるときお母さんから電話がかかってきてね、「お願いだから来て」って。「何で」と言ったら「また桂が物を食べなくなった」って。「荘介さんがいると物を食べる」と言うんで、何回か出向いたんだ。

それからある日、元気づけようと思って、中野サンプラザのお登紀さんのコンサートに連れて行ったんだ。それで、今でも覚えてる。「生きてりゃいいさ」という歌があるんですが、それを歌ってるところで、隣にいる桂さんが突然意識を失いました。それでもう、抱きかかえるようにして、タクシーで家まで送っていったんです。もう、大変でした。

自死

桂さんは日本全国の病院やカナダの病院を治療のために渡り歩きました。

あるとき、高輪のプリンスホテルによく来て泊まってたので、遊びに行ったら、ご主人の郎《ろう》君と桂さんがいて、三人でお茶飲んでたら、桂さんがいきなり私に「荘介さん、これから会うのやめよう」というのです。「ふん？ 何んで？」と言ったら「とにかく会うのやめよう」と。「ああ、そう、いいよ」と。そうしたら郎君が「荘介さん、僕も何日か前に同じこと言われた」って。「もう郎君と会いたくない」と言うんだって。「ああ、そう」、「荘介さんが二番目だ」って。どうも順序がね、この次誰かわからんけどね、大好きな順番に言っているみたいだった。それで「あまりよくなっていないから」と言うから、私も、「桂さん、いいよ、会わないよ」と言って、五年間一度も会わなかった。五年たって突然、電話がかかってきて「荘介さん、あした御飯食べよう」と言うんです。「えっ」て聞いたら、桂さんはずっとカナダの病院に行ってたんですね。

私が軽井沢に行って一緒にご飯を食べてたら、「荘介さん、軽井沢の家に住んで」と言うんです。私は「それはムリだよ。でも、出来る限り時々来るからね」とは言いました。

二〇〇四年九月二十七日、カナダから帰ってきて、そんなにたってないころでした。「荘介さん、桂死んじゃった」って電話がかかってきた。びっくりして、お登紀さんと飛んでいったんです。そうしたらまだ納棺する前だったけど、もうゆったりした、見たこともないかわいい顔をして、何これって思った。よっぽど苦しかったんだろうね。ほんとうに辛かったんだろうね。生きているのが……。

それと、薬で体もぼろぼろだったんじゃないかな。物は食べられないし、躁鬱病が激しくて。今でも電話で時々郎君とは話すんだけど、郎君だからこそ桂さんをあそこまで生かしてくれたんだろうなと思います。

心のひき出しに子守唄あり

森村　桂　原　荘介

原始的な子守唄が眠らせるときには一番ふさわしい

荘介　こんにちは。よろしくお願いします。今日のテーマは私と子守唄です。桂さんの子守唄の思い出でもいいし、また子守唄にまつわる話でもいいし、または子守唄についての自分の想いでもいいし、ちょうど側にお母さまもいらっしゃるし……。桂さんから「私はどんな子守唄で眠らせてくれたの？……」というお母さんへの質問でもいいし。

桂　子守唄の記憶ってないのよね。

荘介　記憶ってのは無くていいんですよ。当然まだ記憶のない時に歌ってくれているわけだから。自分が意識するとかしないとか関係なく、一方通行で心の中に入るもんだと思います。子守唄ってのはね。

桂　お母さん、どんな子守唄を歌ってくれたのかしら。

お母さん　大体子守唄って、結局もっとも原始的な「ねんねよ〜、おころりよ〜」というのが寝かせる時に一番ふさわしいですよね。あの、「何とかの子守唄」っていう「名」のある子守唄はとても歌えなかったけれど。

荘介　その場で、即興で作ることもあるんですね。

お母さん　そう、わりあいね。でたらめに。とにかく、「ねんねこよ〜、おころりよ〜」っていうのはもとですよね。だから、さっき言ったように「何とかの子守唄」というのは、普通に歌うのはいいんですけど、本当に赤ん坊を眠らせようとするときは、あいませんわね。少なくとも私は、そう思いました。

桂　あのね、思いだしたんだけど。ネコのプーさんが死んじゃったとき、私が抱いて、何て言うかな、お墓の土の中でさびしかろうと思って、こうして抱っこして、子守唄をね、歌ったとき……。
荘介　どんなのを歌ってあげたの？
桂　「プーちゃん～、ねんね、ねんねだよ～」ってね。そういう感じね。
荘介　それ、自分で作っちゃうわけ？
桂　そうそう。だから、「ねんねよ～、おころりよ～」と同じよね。「プーちゃんだっこ～だっこだよ～」とかね。そんな何というか、本当にそれぐらいのことだったかなあ。
お母さん　そうなのよね。そういうのが眠らせるときにはふさわしいのよ。
荘介　そうなんです。いろんなのがあってね。例えば九州へ行くと「オロロン、オロロン……」っていうただそれをくり返すような唄もあるし。また、東北の方へ行くと「ねんねこせ～、ねんねこせ～」ばかりいってるのもあるし。
桂　ハハハ（笑）。わかる、わかる。
荘介　それも何か、こういうきまりがあるわけじゃないもんだから、その人の好き勝手ね。その場で作ってるみたいな感じなのね。だから、「想い」だと思うんだよね。

桂　何というんだろう。あんまり複雑なことといったら、赤ちゃんだって目がさめてしまうかもしれないし。だっこしてるんだから、大丈夫だよってことをもう、何というか、わざと口で言わなくても伝わってるということであって。安心していいんだよって。いい子だよって……安心するしね。

子守唄にはいろんな種類がありそれぞれ背景がある

荘介　うんうん。大体ね、日本の子守唄は、ちょっと残酷な言葉が多いでしょ？　それを分析すればいろいろ時代の背景とかあるんだけども……。

桂　たとえばどんな？

荘介　よくいわれる「寝ないとマナ板にのせて大根きざむように」。四国の子守唄なんだけど、四万十川へ流しちゃうぞ、とかね。そういう、非常に残酷な言葉が多いんだよね。それは、奉公に出されたり売られた子守娘が、自分が辛くて、子供には全然責任がないけれど、この子供の親をうらむんだけどね。この子供はわからないから……。それで近所の守っこたちが集まってね、その残酷な言葉をはいて自分のうっぷんをはらすわけですよ。それはそれで必然的に生まれた歌詞なんだよね。

桂　わたしね、それ不思議だなあっと思うんだけど、あの四万十川へ流す……。それで、言葉にしてそれでうっぷん晴らしになったんだと言うんだけど、何かさ、今の時代だと、ほんとにその気になってね。というのもよく新聞なんかで……。

荘介　こわいよね。でも、ぼくが不思議な気がするのはその言葉があったからその子守っこたちが救われた部分があるんだということ。一時期ね、あまりにも言葉が残酷なのが多いからちょっといや気がさしたことがあったんだけどね。でもね、その言葉があったからこそ、あの子供たちがそういうことせずに来れたんだと、そういうふうに受けとめて。

あと、典型的なのは、さっきお母さんが言ったように、「いい子にしなさいよ、そうすればこういうものをあげますよ」って言っておきながら、もし、言うことをきかなければ、恐ろしい山からモッコが来る、特に東北が多いんだけど、お化けが来るよって。その、おどかしながら条件をつける唄と……。それからあと、まったくただ可愛くて、可愛くて。この子の可愛いさ、山では木の数、草の数、空には星の数、海では砂の数という……。そして千本松原、松葉の数ほど可愛い……という子供の可愛さだけを歌う唄もある。

桂　それはどこで歌われたの？

荘介　いまのは、「沼津の子守唄」でね。とてもいいの。「ぼうやは良い子だねんねしな、この子の可愛さ限りなさ、天にのぼれば星の数、七里ヶ浜では砂の数、山では木の数、草の数、沼津へ下れば千本松、千本松原、小松原、松葉の数よりまだ可愛い、ねんねんころりよおころりよ……」っていうの。

桂　うーん、讃えるだけの唄ね。いいなあ、ホッとする。

お母さん　ほんとうにいいわね。

荘介　そういうふうに、いろんな種類があるんだけれども、ただ子供の方は全然わからないわけだから。子供の心のひき出しにしみる部分だから、いつかどっかで出てくるんですよ。なんかのはずみで、そのひき出しが開くんだよね。

桂　どうして沼津ではね、そんないい唄が出来て、四万十川は……。

荘介　うん、それは背景があるわけ。

桂　沼津はやっぱり、めぐまれていたのね。

お母さん　土地が豊かで、お魚もとれるし、気候、温暖でしょう。だから生活がそんなに苦しくなかったんでしょうね。

荘介　でもね、いろんなところに、ひょっこりあるの……そういう類似した唄が。類歌っていうんだけどね。だけど、それはいろんな型で伝わっていくんです。お嫁さんにいくときとか……、職人さんが旅をしていってね、その人がそこで亡くなれば、それが無意識の内に他の人にひき継がれていく。メロディーも多少変化しながら、歌詞もそこの土地の言葉が多少変化しながら、変えられながら残っていくという不思議な現象なんだよね。

小さい時のいちばん印象的な唄は「十五夜お月さん」

桂　わたしね。子守唄っていうのではちょっと記憶がないんだけど……。どんな唄を歌ってくれたかってのは思い出さないけれど、もしかして、ねんねんよおころりよ〜かもしれないけれどね。小さい時のいちばん印象的な唄、好きだった唄であり、ほんとうに、なんか好きでありながら辛かったというのは、「十五夜お月さん」ね。

荘介　「じゅうごや〜、おつきさん〜、ひとりぼっち〜」。

桂　そうそう、「ばあやはおいとまとりました」ねえやだったっけ？　ええと、あとね「いもうとは、田舎にもらわれて行きました〜。十五夜お月さん、母さんに、もう一度わたしは会いたいな〜」。これがね、わたしね、なんでかっていうと戦争中に、わたしあずけられていたの。それで、その時に母は結核で浦和にいて、そして兄とふたりでどうやって生きてるのかっていう感じだったの。それでね、そういうときに「十五夜お月さん」。この唄がぴったりきて、つい歌うんだと思うの。歳の頃は三歳か四歳なんでしょうけどね。これは、せつなかった。
荘介　うん、それはそれで背景があるよね。
桂　そういえば、いまはこの唄、人が歌うのきいたことない。
お母さん　その唄、とても悲しい唄ね。
桂　悲しい唄ですよ。母さんに、もう一度会いたい……という「十五夜お月さん」は。お月さんは自分と一緒に歩くでしょう？　それがね、不思議な感じで……。まあ、それでこんどお月さまの子守唄ってのを作ったんだけどね。
荘介　ねえ桂さん。お母さんが病気なさっていたときというのは、疎開だったの？
桂　え〜とね。母は疎開で浦和の借家で結核の再発の治療して、そして父は戦地に行ってしまっていて、幼い兄とふたりで、大根ごはん。
荘介　三〜四歳頃でしょう？
桂　そうです。そしてわたしはめぐまれてて、群馬県伊勢崎の母の実家に預けられていたから。そこでは、大家族で、どこでもまわりが家族そろっているわけ。で、自分だけではどうなるかわからないという状態でいたわけ。

荘介　いわれてみると、心境とその唄と状況がピタッとはまったわけだよね。

桂　そしてB29（爆撃機）なんか飛ぶわけよ。それで私は防空壕で、いとこのお姉さんたちはいるんだけど「いつも、お母さん無事でありますように」って祈るの。そういう時代だったから「十五夜お月さん」。

子守唄は人の数ほどあり心にしみ込んでいる

荘介　そうすると、子守唄みたいに自分にしみ込んでる唄だということだよね。ところでね、この唄は子守唄じゃなくて童謡なんだけどね。さっき、言いかけたんだけれど、ねんねんころり〜だけが子守唄だとはわたしも思ってないわけ。その人にとっては、その当時の流行唄《はやりうた》が入ってるかもしれないし……子守唄としてね。だから、そのことも今回の大きなテーマなんですよ。その人にとっての子守唄。子守唄は人の数ほどあるって言い方をしてるわけです。それぞれの人の心のひき出しの中に入ってるんですよね。

桂　その唄がね、その時に私の心に入っちゃったんですよね。下地がね……これから一生形成される時に「十五夜お月さん」だったの。だからね、悲しい話とかそういうの。たとえば色についても「なに色が好きですか？」っていわれると、「むらさきが好きです」とかね。今は、ばら色が好きなのに（笑）。

お母さん　原さんは、疎開は？

荘介　うん、私は秋田の田舎だったから。戦争の本当の辛さはむしろ味わってないかもしれないんですよ。

桂　それでね、わたし普段、自分の身が不幸であると思って生きてきたかというと、そうじゃなかった。いろいろ楽しかったわけで、そう考えると、唄ってのは残酷よね。全く無防備な子供に与えるわけだから……。心にしっかりしみついちゃうのよね。もちろん音楽というのは自由であっていいんだけれども、今の時代は何だってとび込んでくるわけ。情報がね。でも、唄ってのはすごいね。

荘介　そして、恐いよね。そういう意味でね。

桂　そうなの。もしその時に、お母さんもお前を思ってがんばってるんだから、離れてもがんばろう！……なんていう唄だったら、そうじゃなかったかもしれないけどね。唄ってのは純粋に芸術であるとかいうのはいいけれど、いま思い出しても、私その頃の状況にまったく戻っちゃうのね。オフクロがここにいるのに、それにしても不思議よね。もしかして、もう二度と会えないんじゃないかって。

お母さん　もう、あの時代は家族が分散してると、一体どうしているんだろうってね。大人になってもそういうことは、辛いから……。

荘介　子守唄の思い出っていうよりも、自分がその頃本来だったら、いわゆる子守唄であるべきものが自分のおかれた状況によって型を変えて、さっきの唄のように子守唄のごとく、心にしみ込んだというか、へばりついたって感じですね。そういうことであればひとりひとりがドラマを演じて生きてるわけだから、みんなのもっている子守唄というのはある意味では原点だなあって、いつも言ってるんですよね。

今度作った「お月さまの子守唄」が今の子守唄

桂　そう、原点。ねえ、原点と同時に、いまアッと思ったの。さっきのネコのプーさんのことも、十四年と十カ月間支えてくれた。本当に支えてくれたのよね。この馬小屋のマイナス十度の部屋で。私の風邪ひいて痛いノドを、一生懸命あっためてくれて、助けてくれたネコなのね。自分の背中はバリバリの冷凍庫みたいなとこにさらして。そのネコのプーさんが死んじゃったときに、なんていうんだろうな……。土の中にね、暗い土の中で、でも淋しくないんだよ、おねえちゃんが抱っこしてるからね～という唄を、歌わずにはいられなかったの。だからなんというんだろう……。

荘介　十四年と……。

桂　十四年と十カ月よ。でね、こないだ十五歳の少年が来たのよ。そしたらね、あアあこれくらいの子だったのかと思うと、なんか不思議な気がしたの。それが、普通のただ甘えてるネコじゃなくてね。ぴったりとくっついていて、何かというと私を助けてくれたのね。

荘介　そうすると、プーさんの方が親なの？（笑）。でも、プーさんが亡くなったときには、桂さんが親の感じで子守唄を歌ってあげたんだよね。

桂　そうそう。そうして私は絵を描いて。お花でくるんで、こうしてプーさんをだっこしてねんねしてるって絵を。大丈夫だよって。だから死んだ子に対する子守唄みたいな……。ずっとプーさんの絵を描いてるでしょう？　それも、やっぱりプーさんへの思いを描いてるわけよね。だから子守唄みたいなもんよね、私の絵はプーさんに対する。もうひとつ。お月さまの子守唄を作ったもうひとつのわけは、私の知り合いで、ご主人が九十歳近くで、奥さんが八十いくつで亡くなったと聞いてね。ご主人は「まんまるお月さま、雲の中、お前とわしとはカヤのなか」って唄があるっていうんだよね。それを歌ったんですって。

荘介　その奥さま、おばあちゃんが亡くなったときに？

桂　そうそう、六十年間つれ添った恋人に向かって、歌ったんですって。

荘介　う〜ん、いい話だね〜。それでさっきね、子供の頃に悲しい思い出になっちゃった十五夜お月さんね。今度はお月さまの絵を書いたんでしょ？　ということはさっきふっとひとこと言った、いつもお月さまが一緒に歩いてくれた……という。あのあたりがね、すごく絵と共通するところなんだよね。そうだよね。走ればお月さまも走ってくるしさ……。

桂　そうそう、止まれば止まるし、じっと見てくれるのは……。なんかお月さまがね、やっぱりプーさんを守ってくれるお月さまであり、私を守ってくれるお月さまなの。だけどその、みんなを守ってくれるお月さまは、一体、どうやってどこで寝るのって言いたくなっちゃうの！

荘介　そうすると、今の桂さんにとっては、さっきの唄が子守唄であるけれども、今度作ったこの詞も子守唄になるわけだよね。

桂　そうそう、私のお月さんいつもありがとうね。ちっちゃいときから見ててくれて、守ってくれてって感じの。それでプーさんを見ててくれるでしょう。プーさんがどうしてるか見守ってくれている。

荘介　この唄は、歌いつがれていく唄にしたいね。

桂　ねえ原さん。さっきから言おうとして、話が長くなっちゃったけど、子守唄はね。子守唄は生まれた赤ちゃんのためだけではなく、死んでしまった我が子、あるいは妻、夫、父や母、親しかった全ての人に対する、レクイエムなのよ、ね……。

《荘介からひとこと》

桂さんとオトキさん（加藤登紀子）、そして私の三人は兄弟姉妹のように、仲良しでした。桂さんの絵童謡の世界をみるにつけ、私たちがとっくに忘れかけている、遠い幼い頃の、郷愁ともいうべき感覚を呼び起こしてくれます。

（『日本の子守唄　鑑賞アルバム』より）

第7幕

〈対談〉心寄せるお姉さん、〝新宿の母〟栗原すみ子さん

「しょうがない弟みたいな存在」

栗原すみ子（くりはら・すみこ）

一九三〇年、七赤金星、午年生まれ。五歳のときに父と死別、貧しさの中に育つ。結婚後も子供の死、離婚など人生の苦悩を経験するが、持ち前のバイタリティで占いの世界へ。厳しい修行の後、新宿の街頭で占い師として独立。エネルギッシュで思いやりあふれるアドバイスで「新宿の母」と呼ばれるようになる。

（「新宿の母」ホームページより）

占い師になった頃

――今日は〝新宿の母〟栗原すみ子さんの一代記の中でも、原荘介さんとのおつながりについておうかがいしたいと思います。いつごろから、表に出るのはやめられたのですか。

栗原　三年前からです。それまでは、新宿伊勢丹の前で、五三年間やってました。いまでも事務所ではやってます。

――五三年見てこられたら、世相によって、見てもらいに来る人も相当変わってきたでしょうねえ。

栗原　そうですね、ずいぶん変わりました。昔の人は、例えば夫が浮気してると泣いて来たり、失恋しちゃって、もう私は処女じゃないから結婚できないとか。今は不倫問題とか、若い女の子なら、三人ぐらいボーイフレンドがいてどの子がいいかとか、そういう時代になりましたね。昔は男の方がアタックしたのに、今は女の方からアタックする。大分世相が変わりました。売春防止法が施行された次の日、昭和三十三年（一九五八）四月一日からやってますから、都合五六年になります。

最初のころは、売春防止法が施行されちゃって、宿を追い出された売春婦たちが巷にあふれており、街頭で客を拾ったりとかしてました。何で帰らないのと聞いたら、親に売られてきたから親を恨んでる、帰れないと。そういう人たちの職業を世話してあげたりもしましたよ。

――伊勢丹の前でお仕事をされていたそうですが、場所はずっとそこですか。

栗原　はい、ずっと伊勢丹と今の三井住友銀行の間でやって来ました。昔は三井銀行といって、建物が違いました。つぎに太陽神戸三井銀行、そのつぎにさくら銀行になって、今の三井住友銀行、四回名前が変わりました。

――見てくれという人は、女性が圧倒的に多いのですか。

栗原　そうですね。九〇％ぐらいが女性です。

――いわゆる赤線、青線の女性が結構見てもらいに来ましたか。

栗原　来ました。仕事を始めたのが、売春防止法施行の翌日だったので、青線、赤線で働いていた女性たちが、これからどうしたらいいだろうと、相談に来ましたね。

――しかしそのころはすみ子さんだけではなくて、ほかにもたくさん同業者がいたわけでしょう。

栗原　いましたね。それでね、私はおみくじを三〇円で買ってくれた人を、ちょっと見て差し上げてたんです。周りにたくさん占い師がいたのに、私のところだけ、お客さんが山のように並ぶようになりましたから、占い師のおじさんやおばさんが、当時はあまり女性はいなかったんですけど、来てね、「あんたがいると商売にならないから、早く帰ってくれ」と言うんですよ。皆さん組合に入っている人たちで、私は入っていなかったんです。私は三〇円でしたが、「幾らでやってるんですか」って聞いたら、二百円だというので、「わかりました。私も明日から二百円にします」と言ったの。そうしたら何時までやってもいいと言ったんです。今度は私も若かったので意地になっちゃって。それまで八時ぐらいで終わってたのを、一〇時、一一時までやりました。そうしたら、周りの占い師がいなくなり、自分で自分の首を絞めることになりました。

そのうちまただんだん並ぶようになって、その売春婦たちが、お母さんみたいな人だというので慕ってきてたんですよ。週刊誌『女性セブン』が「「新宿の母」を自称するこの女占い師」みたいなタイトルで、三ページほどの記事にしました。

――話しやすい、独特な雰囲気があったんですかね。

栗原　そうだと思います。私自身、田舎者ですから。

占い師になるまで

――出身はどちらですか。

栗原　茨城県下館の方の農家の生まれです。

――ご兄弟は。

栗原　上に姉がいて私は二番目です。六人姉弟でしたが、一人早くに死んだので、五人姉弟です。田舎で結婚しまして、子供がおなかにいるときに、夫が浮気して出ていっちゃったの。それで実家に戻って、子供と二人食べていくのには何か手に職をつけないといけないというので、東京へ出てきて洋裁の文化服装学院に入学しました。そのころは競争率も激しくなく、簡単に入れました。

ところが子供を置いてきたので、死にたい心境になりました。それで神社に行ったら、神社の占い師が「ちょっとおいで」と言ったんです。行ったら「手相を見せなさい」と。ぱっと手を出したら、運命線が真っ直ぐなんですよ。まだ二十三、二十四歳の若い私に、「あんたは後家相だよ。男運よくないから、自分で生きる道を探しなさい」と占いの先生がおっしゃったの。そして、「死んだらだめよ。死ぬつもりだったら何でもできるじゃない」と声をかけられて、そのときすごく慰められました。それで、ようし私も先生のところで修行して、占い師になろうと思いました、あんた、若いからだめと言われても、先生のおみくじを売りながら手伝ってね、それでとうとう、それだけ辛抱強いんだったらやってみればと許されたんです。文化服装学院をやめちゃって、今度は、飲み屋さんでアルバイトしたり、出前持ちやったりして、暮らしていたのね。それで田舎に帰って占い師になりたいと言ったら、とんでもない。昔の占い師はほとんどやくざさんで、乞食占い師と言われた時代でね。子供をとるか仕事をとるか。仕事をとるんだったら勘当だと。それで私は子供を捨てて、占い師になったの。八年間勘当されました。その間に曲がりなりにも少しずつ名前が出て、週刊誌が最初に取り上げたのが、今はなくなったけど講談社の『ヤングレディ』。そのときは、まだ〝新宿の母〟とは呼ばれておらず、新宿で信望を集めている占い師を初公開ということで取り上げてくれました。私は、とんでもない、まだまだ足元がふらふらしているからやりません、それで一時は来てくれるかもしれないけど、実力がないとお客さん来ないからと断ったんです。ところが当時の週刊誌は真面目だったんですね、記者の方が「いや、僕たちは一週間かけて、並んでいる人が本物か、サクラか調べました」と言うの。それで「週刊誌に取り上げられると、絶対もっとお客さんが並びますよ」と説得されて、取材に応じました。そのとき週刊誌は真面目に書いてくれましたよ。そのうちだんだん大げさになってしまいました。お客さんがお客さんを口コミで連れてきてくれたんです。

——見てもらうことで安心できたんでしょうか。

栗原　都会には田舎から出てきて、心細くしている人が多いですからね。

——田舎におられたときから、そういう素質を持っていたのですか。

栗原　そうですねえ。昔は素人演芸大会とかありましてね、私は何も知らないのに歌に合わせて踊ったりとかしてました。それに先祖は名主をやっていたそうで、家には、何百年も昔の姓名判断のとても厚い本が詰まった長持がありました。まだ子供だったので、内容は分かりませんでした。そのときは占い師になろうなんて思っていませんでしたから、その本はなくしてしまいました。

文化服装学院の先生が下館にいて、そこに通ってました。その縁で東京に出て文化服装学院に通うようになったんですけど、そのときに占い師に見てもらい、なかなかいいですよとか言われて、何となくそのころから占いに興味が出ました。

――小さいころからいろんなことが見えたんじゃないですか。

栗原　ええ、見えました。子供のころ、親戚の家が燃えたんですよ。火事になる前に私が「おばちゃんの家が燃えちゃう」と騒ぎ立てたんです。ばかなことを言ってんじゃないと叱られました。ところが、田舎では藁とかが燃えて灰になると俵に詰めてとっておくんですが、燃え切ってない灰を入れておいたら、発火して、おばの家が燃えちゃったんです。何と恐ろしい子だろう、将来何になるんだろうと、母親は怖がったそうです。

家が燃えるのが見えたんです。でも、子供ですから、わかんなくて「燃える、燃える」と騒いだんです。そういう霊感があったんです。

十二、三歳くらいになってからは、姓名判断の本を読むようになりました。昔は草冠を六画、次に四画になって、当用漢字で三画になりました。そういうことを勉強しました。さんずいは、昔は水に数えて四画、今は筆の運びのとおり三画。「さわ」という字も、昔は「澤」、いまは「沢」と簡単になってますよね。

――お母さんは特に誰かについて勉強したのではないのですね。

栗原　はい。

占い師として生きる

——そういう素質を持っていて、神様が知らしてくれるとか、上から降りてくる、そういうことなんでしょうか。そしてそのとおり話をして、励ましてあげれば、お客さんがついてくるということなんでしょうか。

栗原　自分ではよくわからないのです。もう三年ぐらい前ですが、ある女性が山梨から来ましてね、私がお父さん、お母さん、妹さんの生年月日を告げたら、全部当たったらしいんです。そうしたら、さすが〝新宿の母〟と、私の手を握るんです。「何ですか」と聞いたら、「みんなが〝新宿の母〟の占いが当たるから、今日は試しに来たんです。本物でした」と言って帰っていきました。その女性は、学校の先生ですよ。最近またその女性が、「今年の一二月か来年の一月に男の子が生まれるから名前をつけてください」って来ました。親子二代、三代と来ている人も多いですね。引っ越しするとき、結婚するときに見てあげて、子供が生まれるとその子の名前をつけてあげて、家を買うときに見てあげて、孫が生まれると孫の名前をつけてあげて、その孫に子供が生まれてその名前まで私がつけたりしたこともあります。親子二代に名前をつけたりするのは、珍しいことではありません。

——体を見るとかはなさらないのですか。

栗原　病気は見ませんが、以前、ある奥さんがしこりができて、乳がんだと言われたって泣いたんですよ。私は少しだけ気功ができますので、一〇分ぐらい触ってあげたんです。そうしたら、手術の少し前になってお医者さんに行ったら、容体が改善していて、気功が効きましたとお礼を言われたことがあります。でも、私の気功と容体に関係があるか分かりませんよ。

あるとき私が看板をしまってたら、高校生の女の子が「占ってください」と言うんです。「もう終わりました」と言って後ろをふっと振り返ったら真っ青で死にそうな顔をして立ってるんです。「どうしたの」と聞いたら、コックリさんをやって、「私に霊がついちゃってる」と言うんです。地べたに手をついて「お願いします」というので、このまま帰すわけにもいかなくて、しょうがないから「ちょっと立ちなさい、占ってみるから」といったんです。それでほっぺたを触ってあげて、「これであなたの霊は私にみんな来ちゃったから大丈夫」と言ったらね、ぱあっと明るくなって帰りました。それから一カ月ぐらいして、友達を二、三人連れて占いに来ました。私は霊能者ではなく、霊感があるわけでもなく、〝新宿の母〟にやってもらったという気分的なものでしょう。ただの占い師ですから。

男性のなかには、私を拝む人もいますが、私は神様じゃありません。

原荘介との出会い

栗原　原荘介さんとは、ボランティアをやっていて出会いました。荘介さん、吉永小百合さん、加藤登紀子さん、坂本九ちゃんとか、みんなでチャリティのステージをやってたんです。少しお金が足りないという場合は、私が直接お金を出したりしました。

原　森村桂さんがやっていたのを、おすみさんが中心になってみんなで応援したの。九ちゃんが私のギターと唄で手話やったりしました。そういうとき、おすみさんはいつもかいがいしく手伝いしてくれました。有名な人なのに身体を動かしていろいろ手伝ってくれたので、私やお登紀さんはびっくりしました。さらっと手伝ってくれるのに、存在感があるんです。

栗原　自分の着物などをチャリティ・オークションに出したりもしました。オークションにはお登紀さんや皆さんも協力してくれました。集まったお金は、日本赤十字社や外国の団体に寄附しました。

山谷にも行きました。山谷には路上に寝てる人たちがいますよね。その人たちをクリスマスイブの夜、山谷労働者福祉会館に招待して、寄附で準備したケーキやみかんでご馳走しました。喜ばれましたね。

私は昭和十一年七月に五歳で父親を肺結核で亡くし、貧乏を経験しましたから。貧乏な農家の上に、戦争中だったので、食べる物もろくにありませんでした。

原　私は子守唄について、おすみさんに書いてもらったんだけど、幼いころお父さんが病気だったから、一緒にいる時間が長いわけ。お母さんは一所懸命働かなきゃならなかった。それで頭に残っている子守唄は、お父さんが歌ってくれた子守唄だったって。人の悲しみや苦しみがわかるのは、自分がそれを経験したことがあるからなんだよね。

栗原　困っている人を見ると、一旦は断るんですけど、やっぱり手を差し伸べてしまうんです。

占いは人助け

栗原　占いの料金をもらわなかった方から、つい最近、お金が送られてきましたよ。私はその誠意がうれしかったですね。今は息子があとを継いで私がやっていた場所で占いをやってますが、これをお母さんにどうぞと言って、お菓子を持ってきてくれるお客さんがたくさんいますよ。

　私はもう表で占いをするのはむりですから、ツイッターというのを始めました。見てあげられない人もたくさんいるんで、私の言葉が安らぎになったらいいなと思って。

　この間、ここに西立川の先の方に住んでいる奥さんが子供を連れて二人で来たんです。子供が家を出るのが嫌という、ひきこもりですね。それで、お祓いしましょうといいました。心配になって電話をかけまして、戸建ての家だそうなので、玄関から見て右回りに、四隅にお米とお塩とお酒をまきなさい、とやり方を伝えたんです。そのとき声がすごく暗かったので、心配でもう一度電話をかけると声が明るいんです。お祓いをやることによって、悪いものはいなくなる、もう大丈夫だと安心できるんですね。その奥さんは以前にも見てあげて、お嬢さんは芸能界に入れますよといったら、芸能界に入ったんです。まだ売れてないんですけど、当たってるわけです。

原　言葉って大事ですよね。私のお弟子さんでも、十代のときにおすみさんに見てもらった人が大勢います。私は何人かから話を聞いたことがあるけど、言われたことを大事に覚えてる。しゃべったおすみさんは、たくさんの人を見ているから忘れてる。でも言ってもらった人の多くは、それを自分の宝物にして生きてる。

栗原　五〇年間で見た人数は、三百万人を超えてます。おみくじを売ってたときは、一日に三百人くらいを見て、三〇円もらってました。節目、節目にいらっしゃる人もいます。

原　見てもらったお弟子さんに話を聞くと、「こう言われたんです」と言ってね、今大体そうなってる。それがすごい。でも、それはおすみさんのところには伝わってないのかもしれない。でも私は何人からも同じような話を聞いてる。

栗原　名前と生年月日を聞き、それに手相と人相を見てから、話し始めます。それを立ちっぱなしで、一日に一〇時間くらいやりました。ちょっとの時間で見えちゃいます。質問はなしで、しゃべります。

〝新宿の母〟から見た原荘介、原荘介から見た〝新宿の母〟

栗原　荘介さんは、しょうがない弟みたいな存在。何となく助けてあげたいって思ってしまうすごくいい人で、明るい。それでお人よしで金もうけが下手。私もお人よしだから、あまりもうかってない。

原　そう言いながら何十年もつき合ってるんです。私は女房を三年前に亡くしたんだけど、昔おすみさんに見てもらって、「一番相性の悪い組み合わせ。私こんなの見たことない。でもどちらかが病んで、それを乗り越えることが大事。お互いが病むことによって、それをカバーしていくようになる」と言われました。本当にその通りでした。

栗原　出会ってから三〇年は超えてますよ。

原　一言で言えば、石井好子さんもそうだったけど、お姉ちゃんみたいな存在。自分で何か困ったり落ち込んだりしたときに、電話がかかってきたりすると、仰天するときがある。

占ってあげられない人

原　怖さを通り越してる。私が別のお弟子さんに、おすみさんの話をしたら、「私はあの先生は怖いから見てもらわない」と言うんです。「何で怖いの」と聞いたら、友達が見てもらいに行ったんだって。そしたらおすみさんに、「あなたはちょっと見られないよ」と断られたって。そうしたらその子が間もなく死んじゃったそうです。

栗原　ここにある魂が、ぎゅっと相手に持っていかれるような感じがします。普通だと、うっと踏ん張ると大丈夫なんだけど、それでも持って行かれるような感じがすると、「ごめんなさい。見られません」と言います。

そういう人はあまりないですね。魂を持って行かれるような感じがして、うっと踏ん張ることができたときは、本人じゃなくて、お父さんかお母さんが近いうちにいなくなることが多いですね。

私は田舎のおばさん

栗原　政治家が見てもらいに来ることがありますね。でも口外できません。芸能人もお見えになりますが、個人の秘密ですから話せません。ただ、〝新宿の母〟に見てもらいましたとか、芸名をつけてもらいましたとか、本人がしゃべっている場合には、お話しすることはできます。

困っている人からは、お金はもらいません。以前は、老人はただで見てました。そうするとおばあちゃんが喜んで娘に話して、娘が見てもらいに来て、余計にお金を置いていってくれました。

原　そういうことだろうな。

栗原　占い師の道に進むとき、もう後ろを振りかえらないで東京に行きましたけど。何度か実家の最寄りの駅まで行って、家に帰らずまた東京に戻ってきたりしました。この話をしたのは初めてですよ。

雑誌の記者が取材に来るときね、怖いおばさんだと思って来るわけよ。私、背が小さいでしょう。「随分小柄で気さくなんですね」と言うから、「そうですよ、田舎のおばさんです。大丈夫よ」と言って、一緒に御飯を食べながら取材を受けます。いろいろな週刊誌に何百回と出てます。

森村桂さんのこと

栗原　森村桂さんのご主人、三宅一郎さんはどうしてるんだろう。桂さんのお骨を自分がやってる喫茶店にずっと置きっぱなし。桂は寂しがり屋だからと言ってね。お店はどうなっているかなぁ。

原　「アリスの丘」って、軽井沢では結構有名な店だよね。ファンがよく行ってたお店で、ピアノの上に桂さんのお骨を置いてあるわけ。私も「ちゃんとしなさいよ」と言うんだけど、「桂がかわいそうだから」ってやらない。

栗原　でもねえ……。この間、元気なかったよ。

原　でも私が電話をかけたときは「お母さんから電話があったよ」と言って、すごくうれしそうだった。私がシベリア鉄道を弾きながら渡ったギターを帰ってきてからプレゼントしたんだけど、お店のピアノのそばに置いてある。線が一本切れてるけどそれを見て、「荘介さんのことを思い出してるよ」とか言ってた。「邪魔になんないか」「そんなことないよ。また会いたいね」という会話になったけど。

桂さんが亡くなったときに、お登紀さん、おすみさんと三人で行きましたよね。二日続けて行ったんだけど、ほかの仲よしが誰も来てなかった。花だけがずらっと並んでた。桂さんは、ほっとした、いい顔をしてた。

栗原　今の皇后さまとご関係があって、ふだんのままで皇居に行っちゃうんですよ。

原　本当にね。お別れ会には仲よしがあまり来ていなかった。あのときの寂しさは強烈だったねえ。

栗原　それに寒かったね。

原　うん、雨も降ってたね。

〝新宿の母〟の温かさ

原　おすみさんから連絡があり、御飯を御馳走になるときは、私が落ち込んでいるときが多いんだよ。最近の話なんだけど、松葉杖を使ってて転倒したの。それで家に帰ったら今度は茶碗を落としちゃった。もう何もかも嫌になっちゃって、もう明日から山に引き籠もろう、誰とも会いたくないと完全に落ち込んだとき、おすみさんから「荘介さん、元気」って朝電話がかかってきたの。そのときは、びっくりしたねえ。もし、電話がなかったら、私は山に籠もっていたよ。松葉杖をついて転んでも、けががなかったからよかったようなものだけど、自分が情けなくなっちゃったの。その気持ちを越えてから、私、少し元気が出たよね。ほんとうにいいタイミングで電話をかけてくれるんですよ。ありがたいなと思います。

栗原　胸騒ぎが何となく。困って、助けてくれという声が聞こえることはあまりないけど、聞こえたら電話しますね。

原　そうやって会って、御飯食べて元気つけてもらうと、またがんばれるんだ。だから、私にとってはお姉ちゃんというよりも、観音様ですよ。

栗原　二一年前、茨城の実家の近くに観音様を建てたんですよ。幸せ観音といいます。これを建てるときに主人に話したら、「おまえ何様だと思ってるんだ」と言われたの。何様とも思ってないけど、この観音様を建てるのには理由があって、ある先生から「あなたが元気なうちはいいけど、もし亡くなったら、この人たちはどうしたら救われるんですか」と言われたの。それで観音様を建てようと思いついたの。私がいなくても、茨城県に観音様があるから、あっちを向いて、お願いすれば心が安らぐと思って建てたんです。だけど新興宗教だと勘違いされて、反対運動が起きたの。ただお友達や知り合いがみんなで署名運動をしてくれて、それで平成五年（一九九三）七月二十五日に入魂式ができたんです。

原　五〇年かけて三百万人も人助けをした。ヨーロッパの小国の一つや二つの人口だからねえ。それなのに、非常に謙虚。それがやっぱりたまらないんだよね。

栗原　でも最初は、怖いおばさんだと思っていらっしゃいます。皆さんそうおっしゃる。

原荘介の今年の運勢

栗原　占い師についての本の中にね、歴史上の占い師が何百人と載ってるんですよ。全十二巻。私の先生の著作だけど、そこに「〝新宿の母〟みたいな人は、二度と再び、二十一世紀になっても現れないだろう」って書いてあります。

私と同じ世代の占い師には、細木数子さんや、浅野八郎さんなど、残っている人は少ないですね。それにあまり出なくなっちゃいましたね。

原　それにおすみさんが年とったという感覚を、誰も持ってないんだよね。みんな年取っていくはずなのに、おすみさんには〝新宿の母〟としての存在感がしっかりある。そこがすごいと思う。

栗原　じつは荘介さんも私も、今年はいい年じゃないのよ。最近転んだり、やけどをしたりしてるけど、私の今年の運勢はどうなの。

原　そうなんだ。自分が情けなくなっちゃったんだけど、これも何かの警告だと思って、自分で受け止めてね、やけども馬油塗って治して、盛岡までコンサートに行ってきたんだ。あんな状態でもコンサートができた、すごいと思って、少し元気がでたの。だけど、何でこんないろいろ起きるんだろうと思ったんだけど、やっぱり今年の運勢は良くなかったんだね。

栗原　でも、今度、ステージデビュー四十周年のコンサートやるんですよねえ。

原　うん、九月三十日に武蔵野公会堂でね。後で招待状贈るよ。

栗原　Ｙａｅちゃんもでるの。登紀子ちゃんの娘さんとやるんだね。

原　そう、Ｙａｅちゃんがゲストで出てくれるんだ。Ｙａｅちゃんの歌もすごくいいよ。

きっといいコンサートになると思うよ。お登紀さんがちょうど東京にいないんですよ。それで相談して、Ｙａｅちゃんにお願いすることにしたの。

栗原　お登紀さんが昭和十八年、未年生まれ。

原　そして三十九年前のデビューコンサートのときにお登紀さんのおなかの中にいたＹａｅちゃん。

今日は、おすみさんとゆっくり話せて楽しかったなあ。

（二〇一四年八月十一日／於・新宿）

《荘介からひとこと》

おすみさんは、私よりちょうど丸十歳年上のおねえさんです。大きなホールコンサートの時には、必ずと言っていい位に、ホールの入り口に大きな花輪を届けてくれるんです。

時々、無性におすみさんに会いたくなって電話をするのです。お昼ごはんを食べながら近況報告をしあったり、とりとめのない話をする中で方向性を見出してもらったりしています。

長年に亘って新宿の伊勢丹の所で、およそ三百万人の人たちの相談にのり、元気をつけてきました。今は息子さんが同じ場所で「新宿の母」として又、多くの人たちを元気づけています。

おすみさんは、自分の生まれ故郷（茨城県）に大きな観音様を建立して、広い心ですべての人々のしあわせを祈っています。

いつまでも、ずうーっとずうーっと多くの人たちのために長生きしてほしいのです。

亡き父の想い出

栗原すみ子

最近の若いお母さま達の間では、子守唄というものを、過去の遺物としか考えていないような風潮に、一抹の淋しさを感じるのは私もそれなりに年老いたせいかな、と考える今日この頃です。

子守唄、と聞いて先ず私が想い起こすのは、私が五歳の時に当時では「不治の病気」といわれていた肺結核で亡くした父親のことです。普通の人は「子守唄」というと母親のことを一番先に思い起こすのでしょうが、私の場合、子供の頃母親は病弱の父に代わって野良仕事で精一杯でしたので、あまり私にかまってくれる時間がなく、その替りを父親がしてくれたものだと、父の死後聞かされたものです。五歳で父親を亡くしたので、父親の面影は、さほどありませんが、父親がよく歌ってくれた「子守唄」

だけは、私の耳に今でも残っているのが、何かしら父親が私に残してくれた財産のような気が致します。

ねんねこどっちん
かめのこどっちん
それはのっぺりこ
のっぺりこのおじさん
どこからきたの
あの山越えて里越えて
ねんねの里からやってきた
里のみやげに何もろた
デンデンたいこにショウの笛
ならしてたたいて
ふいてみろ

（詞は正確なものか、或いは父が適当にアレンジしたものかは不明）

当時意味もわからず、茨城弁丸出しのフシまわしだけが、今でも耳の奥に残っていて、〝子守唄〟と聞くと、私にも父親がかつては存在したのだ、という認識が湧いてくるのです。

肺結核で亡くした後、近所の同じ年頃の子供達からは、病気がうつるから「一緒に遊んでやらない」と言われ、悲しくなった事等……これが、普通の人は「子守唄」と聞いて母親を想い起こすのに、私の場合は父親を想い起こす原因なのです。

童謡が静かなブームを起こしてきている今日この頃、もう一歩さかのぼって、人間がこの世に誕生して、はじめて耳にする唄（子守唄）と言うものについて、今一度認識を新たにしてみては、と考えている人も大勢いるのではないでしょうか。

現代はそのような、のんびりした時代ではない。と反発されるお母さま方が、いらっしゃるかも知れませんが、今のお仕事をしていて、つくづく心にゆとりの少ない若い人が多いと感じるのは、赤ん坊の頃、母親のやさしい子守唄でなく、お金で買えるおもちゃをあてがわれて、育ったせいなのではないか、などと考えたりするのは私の一人合点なのでしょうか。

最近の激しいリズムの子供向けのアニメソングも、これはこれで元気な子供に育てるのに必要かも知れませんが、静かな子守唄を聞いて母親のやさしさを身にしみて感じた昔の子供達の方が、幸せであったような気がしてなりません。

（『日本の子守唄　鑑賞アルバム』より）

第8幕

子守唄の兄貴分、詩人・松永伍一さん

「残酷な歌を吐き出すことで、それをせずにすんだんだよ」

松永伍一（まつなが・ごいち）
一九三〇〜二〇〇八。詩人、エッセイスト。一九五七年上京、以後文筆生活。著書『底辺の美学』『一揆論』『老いの品格』（以上、大和書房）『日本の子守唄』（紀伊國屋書店）『日本農民詩史』全五巻（法政大学出版局、毎日出版文化特別賞受賞）『天正の虹』（講談社）他。

別れのとき

松永伍一先生については、別れの場面から話しますね。亡くなったのは、二〇〇八年三月三日の未明です。よくがんばったなあと思いました。七十七歳。私は、先生が亡くなるまでの五時間ほど、ずっと先生の手を握ってました。そして先生は、人はこうやって死んでいくよ、ということを見せてくれたんです。体中痛かったと思うけど、そんなそぶりはいっさい見せませんでした。ほとんど無言でした。

後で聞いたんだけど、ほんとうは誰も呼ばないで、一人で逝《い》きたかったらしいですね。みんなにも、もうそういう別れの文面を送ってたんです。だけど下の娘さんが私に電話をかけてきて、ごく近しい人を数人、別れの場に呼びたいと言ったんです。それで、じゃあそうしようということになり、田中健ちゃん、西舘好子さん、山本益博さん、西郷輝彦さんと私の五人に、松永先生が自分の子供のようにかわいがっていた、歌手の松原健之《まつばらたけし》君を呼んだんです。松原君のことは、五木寛之先生と一緒になって、かわいがっていましたね。加藤登紀子さんにも電話をかけたんだけど、お登紀さんはちょうど新幹線に乗っていたもんだから、松永先生の容体を説明しましたが、結局別れには間に合いませんでした。その朝お登紀さんから電話がかかって男の孫が生まれたというもんだから、私は仰天したんです。先生の生まれ変わりじゃないかと言ったぐらいのタイミングでしたね。

別れが近づくと、眠るようにふっと反応を示さなくなって、呼吸の機械がすっとなりかかるのを、私が「先生」と呼ぶと、戻ってくるんです。それを四回ぐらいやったのかな、最後に、あまり気持ちよさそうな顔をしているから呼ばなかったんです。そうしたら、そのままふっと逝きました。ああ、こういう逝き方はすごいなあ、と思いました。先生はよっぽど自分をコントロールできる人なんですね。普通はこんな逝き方はできないと思います。とても感銘を受けました。

ちょうど一〇年ぐらい前に、前立腺がんの手術をしたんだけど、それはうまくいったんですよ。ところが、その後、パーキンソン病になって、それでおつき合いのあったほとんどの人に、私はもう会いません、というお別れの手紙を書いて出したんです。それでも私は、お見舞いに行って、体をほぐしてあげたの。そうしたら、行くたびに体が小さくなっていくんですよ。あのときはショックでしたね。でもお見舞いに行くとすごく喜んでくれました。体が痛かったらしく、擦りながら体をほぐしてさしあげると、もう幸せそうな顔をするんで、しょっちゅう行っては、擦ってさしあげたんだけど、相当苦しかったんだろうなあ。

入院は半年ぐらいかな。一年なかったですね。人はみんな別れなきゃならないんだけど、ああいう別れ方はすばらしいなと思いました。

長いおつき合いでしたが、会うたびにいつも、「原さん、人は死ぬよね」という言葉が出てきて、「そうですね、最近もこういう人と、こういう人が亡くなりましたね」と話し合いながら、「だから時間が大事なんだよな」という結論になってました。そして「一緒にいられるいい時間を大切にしなきゃね」と言って別れてました。あの逝き方は、先生独特の生き方だったんだと思うけど、きれい過ぎるような、潔すぎるような気がしますね。

最期はお嬢さんが面倒を見ていたんだと思います。松永先生は、そのお嬢さんから生まれた双子のお孫さんをかわいがっていて、そのお孫さんたちに癒やされたんだと思います。お嬢さんも双子ちゃんと先生が一緒にいる時間をなるべくつくってました。私が電話で相談を受けたのも、そのお嬢さんからです。もし彼女から電話が来なかったら、誰もお別れの場に行かなかったですよ。電話で相談があったので、五、六人仲良くしていた人を知っていると言って、声をかけて一緒に送ろうと思ったんです。そのときには身内の方は誰もいませんでした。

私がお見舞いに行ったときは、まだ先生の意識ははっきりしていたから、うれしかったんだと思います。私がお見舞いに行って身体を擦ってあげるたびに、身体がちっちゃくなって行くんです。それで、これはあまり長くはないなと思ったんだけど、でも結構がんばりましたよ。

人を送るのにあんな切ない経験はなかったですね。日本を代表する社会派作家であり、私の子守唄の恩師である先生の死は、とても寂しかった。

最期に、西舘好子さんが松永先生の頭を撫でながら、「ねんねこしゃっしゃりまーせー」って「中国地方の子守唄」を歌った。私がそのことを永井一顕さんに話したら、永井さんが『読売新聞』(二〇〇九年四月一日夕刊)に書いてくれました(本書所収)。いい文章です。読むと、松永先生が話してくださったいろんなことを思い出します。

めぐり会い

松永先生が私のステージデビュー二〇周年のときに書いてくださった文章は、私の宝物です。松永先生と私で結成した子守唄ブラザーズの夢を書いてくれたの。まず一つ目が「子守唄センターをつくる。（子守唄に関する世界のあらゆる資料を蒐集する。世界中の音と文献など）」。二つ目が「センターが主催して、世界の子守唄を聞くイベントを開く。（母と子による新作の子守唄を公募する）」。三つ目が「世界の子守唄をテレビ・ドキュメンタリー番組にする。（その視聴会をかねて、取材者を交えたシンポジウムを開く）」。四つ目が『国際子守唄年』を制定すべく国連に働きかける」。私とグローバルな活動をやりたい、という気持ちを持っていたの。何がなんでも、一つでいいから実現させたいですね。

先生が『ゆうゆう』二〇〇五年六月号に、私のことを書いてくれた文章があります。私が六十五歳で、先生が七十五歳。おもしろく書いてくださってます。

お登紀さんを入れて、「子守唄　その土壌・風土」というテーマで鼎談したこともあります（『日本の子守唄　鑑賞アルバム』、および本書所収）。

松永先生と最初にめぐり会ったのは、一九八六年十一月十五日に岡山県井原市で開催した第一回日本の子守唄フェスティバルのときでした。松永先生が基調講座をやって、私はパネラーの一人として演奏もしました。

その前の晩、前夜祭で松永先生が挨拶するときに、声楽家の上野耐之先生が目の前にいらっしゃいました。上野先生は二〇〇一年に百歳で亡くなりましたが、そのときはご健在でした。「中国地方の子守唄」の伝承者みたいな方です。山田耕筰先生の家の玄関先でいきなり唄を歌えと言われて、お袋さんが歌ってくれてた子守唄を歌ったんです。それを山田耕筰先生が「おっ、いいな」と言って、編曲して「中国地方の子守唄」という名前をつけて世に出したんです。この前夜祭のパーティーのとき松永伍一先生が、「私が子守唄に興味を持った最初は、中学生のときでした。それは今日目の前においでになっている上野耐之先生が、「中国地方の子守唄」を生徒みんなの前で歌ってくれたからです。たしかそのとき上野先生は軍服を着ていたと思います。その上野先生とは、それ以来はじめて私はここでお会いするんです」と、非常に感動的な挨拶をしましたね。これも巡り会いですね。あのときは、何と言っていいかわからないような感動を覚えたね。そうしたら上野耐之先生のお顔が、本当にうれしそうになっていました。

子守唄

松永先生は、私よりも十年早く子守唄研究を始めたんですよ。先生が一九六四年に紀伊國屋新書として出した『日本の子守唄　民俗学的アプローチ』は、私のバイブルです。いろんな意味ですごくいい本。私が二六年かけて日本の子守唄、一三八曲をCD八巻にまとめたときに、参考にさせてもらいました。そのときには、先生はいろんなことに力を貸してくれました。

二人で子守唄ブラザーズを結成して、一緒にいろんなところでコンサートをやりました。先生が最初に教えてくれた子守唄は、「美山の子守唄」という日本で一番残酷な子守唄です。それをさらっと歌ってくれたんだけど、頭にこびりついちゃって、あまりにも残酷だったので、私が先生に「もう子守唄研究をやめたい。こんな残酷な子守唄聞いてしまったら、もうやってられない。」とちょっとふてくされて言ったらね、先生が懇々と私を諭すわけですよ。「その当時こういう残酷な唄を歌った子守りっ子たちは、実際に言葉がわからない赤ちゃんをおんぶして、それを自分が歌うことによって、心から吐き出し、実際そういうことをせずに済んだんだよ。それが、表に出ない人間のほんとうの優しさなんだよ」って。そのとき私は頭をガーンとなぐられた感じがしました。「わかりました」と言って、そこから立ち直りました。自分で研究してみると、「美山の子守唄」は残酷な歌詞だけではなくて、優しい言葉がいっぱいあるんです。でも残酷なところだけが突出して伝えられた悲しい唄だから、それをいま私がもし歌うとしたら、「いや、これはもっと優しい、こういう言葉もあります」と紹介して歌いたいね。でないと残酷すぎて、美山の人は切ないですよ。

先生があのやさしい語り口で、私に懇々と諭してくれたことに感謝しなくっちゃ。不思議なことに、西舘好子さんは日本子守唄協会の会長に小林登先生を選んだんです。私は小林登先生と昔から仲よくしてて、日本に子守唄の財団をつくろうと相談していたんです。これもめぐり合いなんだなって、もうびっくりですよ。

それは全く別ルートで、小林先生とは何回も会って相談してた。それで、金田一春彦先生、石井好子先生、小林先生、松永先生と私で日本の子守唄の財団をつくろうという計画を立ててたから、小林先生が日本子守唄協会の会長に選ばれたときは、ほんとうにびっくりしました。

子守唄フェスティバルを始めて、子守唄サミット会議を平行してやることになった。サミット会議は私が顧問をやっていて、そのときに、財団を作ろうという話がでたんです。だから一九八七年かな。

だけどバブルがはじけて、財団は無理ということになったんだよね。そのうちに金田一先生が亡くなり、サミット会議もだんだん尻すぼみになった。そうしたときに西舘好子さんが現れて、西舘さんが協会をつくりたい、NPOをつくりたいと言い出した。私と松永先生は「でも無理だろう」と言いながら、はじめは静観していた。でも一生懸命、よくつくったなあと思いますよ。

だからいろいろなことがみんな複合的にうまいぐあいに絡まって、日本子守唄協会の今があるんじゃないかなあ。

でもさっき話した四つのことのうち、私は一つでも実現できたらいいかなという夢はすてません。

お人柄

松永先生と一緒に何回か旅に出たこともあるけど、俳優の田中健ちゃんともよくその話をするんですよ。もっとちゃんと先生の言葉を受け止めておけばよかったなあと思います。いろんなことを教えてくれました。ところが私や健ちゃんが先生と一緒に旅に出ても、お酒を飲んで、温泉に入ったりすると、先生の話してくれた言葉をぺろっと忘れちゃうわけです。松永先生はたくさん話してくれたのに、もったいないことです。

松永先生は、お酒を飲まないし、酔わない。だから健ちゃんと私は、もう本当にもったいない、もったいないと言っているんです。とにかくどうなっているんだと思うぐらい、松永先生の頭の中にはいろんな知恵や知識が入ってるんです。本当にすごい。

この間、近所にできた古本屋さんで、松永先生の『少年』という詩集、限定版で出したのを見つけたので、買って読んでいるんだけど、先生はほんとうにすごい詩人ですね。

松永先生は間引きされそうになった人なんです。お母さんが、もう子供は産んじゃだめだと姑さんから言われて、何とかしておろそうとするんです。それを後にお母さんから聞いて、ああ、私はそうやって生まれてきたんだ。東京で、同じ松がつく松本清張さんが殺人事件というところから文学を展開しているけど、自分は人が生まれるというところからやれないだろうかというのが、松永先生の出発点ですよ。自分が間引かれそうになったことを、後年お母さんから聞くんです。おなかをたたいたり、水風呂の中に入ったりなんかしておろそうとしたけど、結局生まれてきちゃったんですよ。お母さんがそっと話してくれて以来、そのことが松永先生の脳裏から離れなくなったんですよ、きっと。

詩人、松永伍一

松永先生と私、お登紀さん、田中健ちゃんと四人で、一九九三年から「花あかりの会」というのを始めたんですよ。三カ月おきに開いたんです。三年ぐらいたって私と健ちゃんが抜けたんだけど、その三年間は、何をやるかも決めないで、いろんな人を呼んでそこに四人で集まるという感じで会をやってました。その後、松永先生とお登紀さんがそれを続けていきました。

三年経ったときかな、まだ「花あかりの会」が開演するまで時間があり、先生が来る前に、お登紀さんが私に「ねえ、荘介さん、松永先生って詩人でしょう」って聞くから、「うん、そうだよ」、「詩を読んだことある?」、「ないけど、登紀子ちゃんは?」、「ない」っていう会話になったの。

そうしたら、やって来た先生がね、「今日は、私は詩を朗読します」といった。「聞こえたのかなあ」と思って、二人でぞっとしちゃった。でもその詩がよかったの。すばらしかった。次のような詩です。

子もりうた

かあさんのいのちの暗い湖から
光を求めてこの世に産まれ出たあなた。
かけがえのないわたしの天使。
苦しみぬいて「かあさん」になった瞬間、
一粒の真珠の涙がこぼれました。
「ありがとう」だけのつぶやきは、
メロディにはまだ遠い夜明けの契りうた。
五線紙が彩られるのはこれからです。
あなたがむずかって眠らぬ夜に、
あなたを抱いた温もりのなかで、
あなたに流れ星を教えたあとに、
うたいながら
かあさんと二人で織りあげる人生模様

それが子もりうた。
記憶のなかに咲きつづける祈りの楽譜です
「愛」という言葉は要りません。

（『子守唄よ、甦れ』藤原書店、より）

格好いいな。『子守唄よ、甦れ』もすごいよね。日本の子守唄に関する本では、いま最高のものですね。

私にとっての松永先生

松永先生は、師というよりも兄貴だよね。二人で子守唄ブラザーズを名乗ろうと言ってくれて、活動を始めました。自分はトーク、荘介は音楽というように、お互いができないところを補い合って行こうという感じでした。私にとって松永先生は十歳違いの兄貴でしたね。ほかの方は森繁先生、川内先生でも、もっと年が離れているから、私にとってはお師匠さんでした。松永先生は一五〇冊ぐらい本を書いてます。

子守唄　その土壌・風土

松永伍一　加藤登紀子　原　荘介

子守唄を聞いてないんじゃないか、が文学の出発点

荘介　お忙しいところ、ありがとうございます。三人、それぞれお互いが親しくお付き合いしていながら、一緒にお話しするということが今までなかったのですが……。本日はよろしくお願いします。テーマは子守唄についてですが、これといった柱は決めておりません。ただ自分としてはいくつかもっております。まず、子守唄のメロディーと言葉、そして背景といったものです。もともと私が子守唄にとりつかれたきっかけというのは、詞がとても残酷だというところからですが、数年前に詞があまり残酷なので、一時、子守唄の研究をやめようかと思ったほどです。そのとき多分、伍一

先生の書いたものを読んだと思いますが「その言葉があったからこそ、子供たちは救われたんだ」ということで、だんだん、またもとへもどったわけです。また、メロディーに関していえば、無限に種類があるように思えます。例えば、五木の子守唄は、歌う人によって違います。メロディーは人の数ほどあるんですね。そしてもうひとつのテーマを「私にとっての子守唄」とするならば、ひとりひとりの人生ドラマにおける子守唄の存在が見えてくると思います。その辺からいかがでしょうか。

松永　私は、九州筑後平野の米どころに生まれました。米どころが社会的にものすごい打撃を受けるときがあったんですね。それが昭和五年（一九三〇）です。この農村恐慌といわれた年に私は生まれたのです。生まれたけれど、そういう状況の中では子はいらんと思われてしまうわけですよ。もういいや……。しゅうとめ、つまり私のおばあちゃんだけれども、「そんなに八人も生まんでもいいよ。もう始末しなさい」。昭和五年の状況の中で私は始末されそうな立場で、けっきょく出てきてしまったんですよね。人間というのはおもしろいもので、ある歳月を経てきますとね、例えば二十歳位になって、ふと、私は子守唄なんか聞いてなかったんじゃないかなあ、と感じた。これは奇妙な発見でしたね。別に親に子守唄を歌ってくれましたかと質問するわけでもないのに、聞かなかったんじゃないか……。つまり、これがぼくの文学の出発点なんです。聞いて、そのメロディーを覚えてるんだったら、ちょっとセンチメンタルで甘い雰囲気があって、ああ、おふくろが生きていてよかったなあ……と、そんなふうに思っちゃう。しかし、これは文学としてあまりおもしろくないんです。やっぱり歌わなかったということは、裏返せばほしかったということなんです。にもかかわらず、そういう恵みを得ていないという不幸な自分を見つめ直すというところで、私の問題、いのちの問題、時代の姿という問題に目がいく……。そういう文学にならざるを得なかったわけね。私は二十七歳で東京に出てきて、この土地に住んだんです。二百メートル先に松本清張さんが住んでいた。松本さんはミステリー小説をもう書きはじめていた。つまり、人が殺されていくというところから文学が展開していくという世界だった。あちらは売れて売れてもう手に負えないくらい、ベストセラー作家として脚光を浴びていたわけ。私は、売れないから大根を食って生きてたんですよ。大根を食う詩人のたまごと、ベストセラー作家としてステーキを食ってる人が、二百メートル離れて同じ九州人として向かい合ってるわけね。意識しあってるわけじゃないのに、上石神井に共存していたんですよ。ある日、ふとあの人が、殺人というところから文学を展開していくなら、私は人が生まれるというところからやれないだろうか……。単純なことがすごい刺激になった。もとを説明するとややこしくなりますけれど、松本さんが、まったく無名だった頃、ある朝日新聞の記者がね、骨相のいいのが北九州にいると言うんです。何という人ですかと聞いたら、朝日新聞にいて校閲の仕事をしている松本清張という、人相はともかく骨相がいいと言うんです。そして、私の顔を見て「あんたもいい骨相をしているよ」と言うんですよ。「ふたりとも、松がついているなあ、アハッハッハ」と、この人が笑ったんです。私が詩集を一冊出したばかりの時なんです。この人はね、刀剣の鑑定も出来る人なんです。それで松本さんという名前を知ったんだけど、作家松本清張じゃなくて、新聞社にいる松本清張だったんです。それが数年後に芥川賞をとった。そして偶然、二人とも上石神井だったたんです。別に相談したわけでもないのに……。だから、このコントラストは私にとってね、漫才みたいな題材ですけれどね。ほんとに、そういう刺激がなかったら書きませんね。ところが、この日本の子守唄という題をつけて書きはじめたら、資料がないんですよ。これじゃ、さまにならない。しかし、活字にする場合に音楽の面が出ないわけですから、よんどころなく、資料を分析するパートと、それから足で歩いたルポを組み合わせて、一冊の『日本の子守唄』を作ろうと考えました。その原稿を三百五十枚位だったと思いますが、五つ位の出版社へ持って行ったけれど、どこも採用してくれない。こんなどろ臭い題材は、うちはやらんと言うんですよ。今の状況とはまた違いましてね。六十年安保闘争の頃なんですよ。高度経済成長に向かおうとしてる時期なんですよね。だから、あるところでモダニズムがあった。本当はその時期にこそ、土俗的なものを掘り起こさなければいけないとこちらは思ってて、そういう仕事をしてきたわけですが、あの岩波書店ですら、その原稿をみてどろ臭すぎると言うのです。

思想性が乏しい、アナーキーな感じが強すぎる……。つまり、原さんがさっき言ったように、暗い部分、残酷な部分……、むしろ、そういうことを大事に書いてるから困ると言うんです。つまり、革命的視点とか歌声運動に関することだったら、本として出しやすいし、組織があるから売れるだろうけど、こんなおばあちゃんの子守唄を出したって……というので断られた。これを紀伊國屋の新書の編集にいた村上一郎さんていう評論家が、これはおもしろいと。今までね、北原白秋たちが『日本伝承童謡集成』という本を作ってたけどね、これは集めたばかりで分析も何もしてなかった。しかし、松永がはじめてこれをやってる。すばらしいと、すぐに本になったんです。そして本になると、また妙なもんで、いろんなところからインタビューを受けましたね。あの当時のスクラップブックを見ますと、こんなところまでとり上げてくれたかというほど来ましたよ。六十年安保闘争が一応落ちついたぐらいの時期に、あれが本になって、日本人の暮らしの中で救われたいのちの唄が、どういうものであったかという。それを掘り起こすということが今の時代にどういう意味があるかという。二つの面で、その本をよく読み込んでほしいという指摘が多かった。ありがたかったなあと思いますね。原さんと違って、そのメロディーの問題じゃなかったんです。つまり、どういう詞が歌い出されてきたんだろうかというふうになった。そして、二種類あるということがわかりましたね。母親が子供を溺愛するときの唄。つまり抱きしめる唄。抱きしめてその子のいのちを讃える唄というのがひとつ核としてあり、もう一つは子守奉公に行かされてる子守娘が、労働の辛さをいじめの唄に置き換えてゆく。つまり労働の唄としての子守唄。

残酷な話をするのはおばあさんが適役

登紀子　おばあさんが孫に歌うっていうのは、別のチャンネルにはならないんですか？

松永　それが両方集めてくるの、おばあさんは。

荘介、登紀子　うん、うん。

松永　ばあさんてのは、自分がオッパイ飲ませるわけじゃないわけですよ。でも、自分にとっては孫に歌うのですよ。息子は可愛くないけれど孫が可愛いということはよくあるんだね。うちなんかも、孫がいますけれども、ほんとうに孫から「おじいちゃん」と言われると可愛くてしょうがないんですよ。子をとび越えた可愛さというか。

登紀子　そのかわり、ちょっと恐い話をしたりするのも、おばあさんですよね。

松永　そうです。これは子守唄だけじゃなくて、おとぎ話、民話……、ああいうものをおばあちゃんが孫に伝えるときの内容は、おおむね残酷で、その残酷な恐い話をしてやることで、この子供がピチピチするわけです。ボトッとなるんではなくて、ピチピチする。それを、おばあちゃんとして見て楽しむ部分もあったんでしょうね。縁側でお茶を飲みながらね。

登紀子　そうですね。

松永　「こんなことがよくあったんだよ。でもね、こういうことをするもんじゃないんだよ」と言外に言ってる……という感じなんですね。それを奨励するために話してるわけでもなんでもない。どこそこの何という人が、こういうことをしたというその固有名詞はまったくでない。でもおもしろい。ある所に……と言っちゃうんですよ（笑）。そして時代も明確にしない。昔々は二百年前か三百年前かわからない。しかし、このことは大事でね。だからこそ、人間というのは、こんなことをするんだよ、ということをさとしてるわけね。どこどこに何があったというのは、歴史になるわけで説明になっちゃうでしょう。説明を越えるようなものとして、子守唄の残酷性とむかし話の残酷性があって、おばあちゃんがその適役だったんでしょうね。母親が子供に言うときには、そんなナマナマしい話はやらないですよ。孫にしてみればね、おばあちゃんの話はおもしろいから「おばあちゃん、あの話を聞かせてよ」と、何度も聞いてるにもかかわらずそれを聞きたがる。そういう、むかし話を通してのコミュニケーションがあったのね。母親と子供のコミュニケーションの一番直接的なのは、抱いてオッパイを与えるという関係なんだけど、おばあちゃんはオッパイはあたえないけど、そういう話を媒体として、いつも向かい合ってる。家庭の中にふたつコミュニケーションがあったわけですよ。母と子と、おばあちゃんと孫……。そのとき歌われる子守唄の中身も若干違っただろうなあ……。おばあちゃんというのは非常に都合の良い存在なのね。うまくエッセンスだけを孫に伝えていくようなところがあったと思いますね。

荘介　なるほどね。

口から出まかせに物語るとおもしろい話が生まれる

登紀子　私の子供は、私のいろんな曲を聞いてると思うんだけど。「三文オペラ」の中の可愛いポリーというおじょうさんが殺し屋メッキーと結婚し、地下倉庫でならずものが、囲んでお祝いをするんだけれどね。なにかひとつおもしろい唄を歌ってくれよ、というとポリーが突然「海賊ジェニー」って、最後には「みな殺しにしてちょうだい」なんて怖ろしい歌を歌いはじめる。そのコントラストが芝居の中で面白いんだけど……。これがすごく好きでね。もうみんな近所の子供が集まってきて、「ママ、あれ歌って‼」て、人気があったのはあれだけなんだけど。だから、いまそのピチピチするというのがすごく良くわかるのね。ワーッとかいう、子供たちのキャッキャいう声がうれしくてね……、物語るっていうことはあると思うのね。だから、あの、子守の娘がうらみを込めて残酷な話をするだけじゃなくて、やっぱり子守の娘もね、一緒にキャッキャッていいながら、赤ん坊に聞かせながら自分もキャッキャッていいながら、恐いユーレイの話をするのが好きなように。私も、自分が子供をあやすとき、気まま勝手に作ったりするときに、まったくすじ書きがつながらなくてもいいわけですよ。そんなにすじ道たてて赤ん坊が聞いてるわけじゃないから。

松永　そうそう。

登紀子　もう、口から出まかせに、言葉をついていくわけね。そうすると、とてつもない話がおもしろく別な話になっていったりすることがある。瞬間的に、全然違うビーズをつないでもいいようにね。こう、作られていく。そういう出まかせのおもしろさもある。だから原さんみたいにきっちり、なぜこんな歌詞があるのか分析してる人にとっては……。

荘介　そうでもないよ（笑）。

登紀子　子供をあやしながら歌ってる人の側に立つとね、でまかせもいいとこだったろうなと思ったし。そうすると、誰かがそれをまた、ああこういう唄があるんだって聞かされて、次の人は、少し筋書きを考えてね。ああ、これはこんな筋書きのことを歌ってるのかなと思って、少し筋書きらしく修正していったとかね。そういうようなこともあると思うの。だからイメージというのは瞬間的なものだとつくづく思いますよ。その子守唄なんか見てると……。私は松永さんがおっしゃったのを聞いて、やっぱり私も子守唄を聞いてないと思ったんですよね。だけど、ハンドバックと言われたくらい、私はいつも母の側にいましたが、母がいつも言ってたのは、引き揚げの話なんです。私が生まれたときには戦争で、終戦になってからは、もう略奪だとかいざこざで、いつも背中にくくられていた。背中にくくられているということは、抱っこされてないから、こう、語りかけられてないと思うんですよね。背中におんぶされながら、母が誰かに向かってしゃべっていることを聞いてたと思いますよ。

松永、荘介　誰かに向かってね。うん、うん。

登紀子　それで私に向かって話しはじめたのは、四歳か五歳頃だと思います。母は洋裁をやってたから、針をもちながら、ハサミをもちながら。側にいて、朝から晩まで、引き揚げの話だったの（笑）。原さんに子守唄って……具体的にあなたにとっての思い出の子守唄は何ですかって質問されたら、ひとつもないの。

荘介　私もないですよ（笑）。

母親との対話の不足感が、大事なエネルギーになる

登紀子　私がこの間レコーディングした曲は、まったく子守唄でない割合活気のあるものと思って作った。まあ今っぽく、リズムがあってダンス的な音楽なんだけれど。ところが、それを旅行や車でかけたら、声の波うちかたがね、どうしてもこう、子守唄に聞こえるのよ。私の唄に子守唄的なイメージをもってる人が多いのは、「ひとり寝の子守唄」が代表的な唄になったってこともあるけど、これは声とかそういうもの

にも、もしかすると何かあるのかなあと思ってね。
荘介　声の質にということ？
登紀子　う〜ん。
荘介　実は昨日登紀子さんがスタジオで、アカペラで一曲歌ってくれたんですよ。はじめ、リズムをとりながらやったんだけど、なにもなくて語りかけるように歌ってくれて。それを聞いて私、びっくりしましたね。ゾクッとしました。もう、今まで数えきれないほど登紀子さんの唄を聞いていますが、昨日は、ショックを受けました。そこが原点になるんですかね。
松永　母親と幼いときに向かい合っていないという体験の中の不足の部分ね。足りない部分を、人間はどこかで補足しようとする。それが唄を歌う人になると、対話する唄になってしまう。
登紀子　ウワッーすごい。
松永　無意識にね。私の場合、歌うわけじゃないんですけど、語りの中にその対話を求めますね。講演とか、談話とかの場合でもね。親と素朴なプリミティブなところで対話が出来てなかった不足を、結局自分が大きくなってから埋めていってるんですよ、人間ってのは。

登紀子　じゃ、母親との対話が足りなければ足りないほど……。

松永　ある意味では文学が育つと言っていいんではないですか。不足感て、ものすごく大事なエネルギーになる。大人が必要と感ずるものを過剰的に与えすぎてはいけない。

荘介　なるほどね。

松永　クリエイティブになるということは、何かが足りなかったというのが、原点になるような気がする。

登紀子　じゃ、私はいい母親だわ（笑）。

松永　あなたは、あなたで探しなさいという、そんな結果になってるわけですよ。そういうことを親が意図したわけじゃなくてね。あなたが探すものを何か、ひとつ残しておきましょうと。それは天が与えたと言っていいのかもしれない。天の恵みですよ。何かが不足している状態を与えることも、天の恵みですよ。不足してるから満たしたいと思う。満たしたいというのは情熱がなければ満たせないわけです。戦いも必要になってくるわけです。世の中を見つめる目もなければいけないでしょう。文学もそうだし、唄もそういうところは基本的に同じじゃないかな。共通項をもってると思いますね。そして、それは理論じゃないんだね。でまかせの唄でも充分なわけです。オートマティズムとよく言うんだけども、わらべ唄はオートマティックである。自動装置みたいにどんどん出てくる。一番いいのはしりとりですよ。ことばのしりをとっていけば次々、何かが出てくるわけ。どこまでいくかわからない要素、可能性を残してるからね。わらべ唄にも、子守唄にも、それと似たおもしろさが含まれているんです。例えば歌詞を分析していくと、五行詞の中の三行目に、何でこれが出てくるのかわからない詞が、ポンと出てくるわけですよ。これが一種のオートマティックな創作なわけです。大衆がそうさせてしまったわけです。歌う子供たちがね、こういうふうにオートマティックに創作すれば、おもしろいと思って作ったわけでも何でもない。もう、でまかせでポンと出てきたのを歌ったら、それが結果的におもしろいとみんなが思っちゃうというだけのものなんですよ。それで、三行目にこの歌詞がきちゃったと。作る人もそれほど意識しないで作っちゃったんだけども、作ってしまって、第三者が介入しはじめると、この三行目が面白くなってくるわけですよ。無意識というのは、そういう面では強い力ね。

言葉の意味を越えるものをつかむ異国の人

登紀子　私は、たまたま二年前にフランスでコンサートをして、それこそフランス人は私の唄をはじめて聞くわけですよ。その中にフランス人の詩人がいて、彼が一年がかりで詞を作り、いろんな人が曲を作り、私のためのシャンソンが生まれたのですけれど。普通シャンソンというとピアフとかベコーとかいろんな人がいるのだけど、わりあい自分を主張するというか……自分を主張することの上手な歌手が多いって思ってたんです。ところが、彼が私のために書いてくれた唄は、ほとんど語りの唄なんです。物語る唄なんです。例えば、ある画家がいましたとかね。それから……おとぎ話ばっかりでなくて、一五二一年五月三十日スペインに滅ぼされたインディオの戦いとか、ひとつは、私が母のことを語っていく……。引き揚げる時に、絹の靴をユダヤ人に売りに行ったときに、ユダヤ人が「あなたはこの絹の靴だけは売らずにもって帰りなさい」と言った話とか……。エピソードが唄になったりしたんです。そのほか、かなりドラマティックな曲でも、本当に私はふしぎだなあっと思う。こんなふうに語る唄というのは、シャンソンの中にまったくないとはいわないけれど、そんなに多くなかったと思う。でも私のために書かれた曲はほとんど語りの歌曲で、レコーディングをしている時に、とかくドラマティカルに歌おうとすると、そんな歌い方はフランス人がさんざんやってきて、もういまさら聞きたくはない。登紀子は淡々と歌え。もう戦争なんて歌詞もニッコリ笑って歌いなさい。鼻唄まじりに、ニッコリと、散歩してるような感じというのが登紀子の唄だ。と言われたんですね。まあ、びっくりしましたね、あれは。……さっき言った、子守唄という意図はサラサラないのに、その私の語り口の中に、ふと子守唄的なトーンがあるっていうのを、私の唄をコンサートではじめて聞いた時に、彼は感じたんじゃないのかしら。

松永　日本にいて日本人が歌うのを聞くのと、異国に行って異国の人たちのルールの中でその自分の唄を聞いてもらう……との関係はまったく違うんです。よその国の人たちはね、異国の言葉の意味がよくわからないからこそ、その意味を越えるものをぴしゃっとつかむ力をもってるわけ。それは、言語の分析をさらに越えるものです。その人の秘めてるものを抜きとり抽出しちゃうわけよ。だから、フランスの詩人が、あなたの唄の持っている本質を瞬間的につかみとっちゃった。この人の中には、子守唄のもっているトーンが血液の中にある人なんだと思ったんでしょう。だから逆説でも言っちゃう。戦争のもっているリアリティではなく、ひっくり返しなさいと……。つまり、ニッコリ笑うことによって本当の恐さというものがでるものなんですよ。ということをその人は教えたのかも知れないね。

子守唄の基本は体温のぬくもり、つまり湿度です

登紀子　そうなんですよね。アメリカで歌ったときにはね、湿度だって。そう言われました。砂漠の上に、心がかわいている。そこに、あなたの唄は湿度だって……。

松永　それは、さっきのことと同じことなんです。子守唄の基本というのは、湿度なんです。いのちの湿度を親がもっている。子供がもっている。体温としてもってるんですよ。体温のぬくもりでつながっている唄なんです。砂漠の渇きの中では、その体温の寄り合う世界が作りにくいわけです。渇いてしまうと……願望としてあってもね。だから、自分がお腹を痛めて生んだ、いのちのかたまりに向かって湿度をもって語りかけるということが出来にくい。渇いたところではね。すぐ神（アラー）に行くんですよ。すべて問題をそこに。「インシャラー」、子供が病気しても、子供が成長しても、すべて「インシャラー」です。神様のおぼしめしのままに。個というものが親子で向かい合って温度、湿度でね、通い合うものを大事にしようということではない

んですよ。全部天にもっていったところで、すべてわかり、見えてくるというとらえかたになっちゃうんですね。そこに渇きがあるわけですよ。渇きがあるから哲学もある。哲学はあるけれども情感が欠如してくるという問題がある。

登紀子　砂漠の中で子守唄はあるのかしら？

松永　それはあると思いますよ。究極のところ、アラーの神がちゃんと見てくれますよ、という言い方になってしまうんですよ。キリスト教社会の中でも、神様が……という言葉をたくさん使いますね。ただ、風土が渇いているイスラム世界とヨーロッパの緑の多いところでは、言葉全体のやわらかさという点では違うけれど、神に向かうという点では二つとも共通すると思う。日本では神というものが存在しないですよ、子守唄の中には。神にたよらなくってもいいわけ。その代わり鬼は出てきたりするけどね。

荘介　そうですね。化け物はでてきますよね。もっこ（化け物）とかね。

松永　そういう点では、日本人は唄を歌うときでもこの湿った風土のベースを無視しなかったということです。無視して作ろうなんて思わないけれども、結果的に無視しない状態を保ってきたわけね。それは子守唄にせよ、わらべ唄にせよ、むかし話、民話、伝説にせよ、みんなそうですね。よく言えば文学性が高いって言っていいんじゃないかな。個人の思いを入れて歌い込んでいくうちに、ちゃんと背景から大事なものを無意識にとり込んでるわけです。光とか風とかをね。そして出来上がってるわけだから仕上がったものは文学性の高いもの、柔軟なもの、湿度の高いものになっていく。

荘介　うーん、なるほどね、いま言われてみてそれがわかってきたような気がします。

日本の文化が反映している子守唄のナンセンス

登紀子　お宮参りなんかも鼻唄交じりにお参りしたりして……（笑）。

松永　そうね、お宮さんというのは、あれはイベントなんですよ。すぐ側にいるのに、お祈りをしてますっていう。その優しさが大事なんだよということになっちゃうわけです。

登紀子　それとむしろ、お稲荷さんとかね。こっちが時々守ってあげてるという型でしょう。

松永　それで、自分の暮らしの身近なところにいる、神様とか仏様というのは、こちらがうまくお供え物しないと守ってくれない……。日本の場合は（笑）相対的にね、近くにいればいるほど祟りがあるぞという。だから、おダンゴちょっとあげておきましょうねって。何か冗談半分みたいなところがあるのね。信仰には。

登紀子　となりのがんこ親父みたいな（笑）。

松永　例えば、中国地方の子守唄の中にね、お宮さんに参る唄があるんですよね。「今日は二十五日さ、明日はこの子の誕生日《にち》、誕生日にはお宮に参って」という。この宮に参るというのはね、信仰の風俗なんですね。砂漠の中では信仰の風俗ではなくて信仰の哲学になっちゃうんです。渇いてるところでは。だから、お宮に参ってお前さんのその将来が平安であるようにというのは、完全に母の愛の問題なんですよね。永遠にこの子が、この宇宙の上で存在して神との関係をきちんと保っていくというような、ユダヤ教以来の信仰形態からきれいにはずれているのね、日本の場合は。そこら辺の大きなくすの木の幹にさわって、「大きな木やなあ……この木の中にも何か神様が宿ってるだろうな」っていうような、そういう触覚に似たものなんですよ、日本の子守唄の中に、神とか仏とかが仮りに出てきたとしてもね。

登紀子　でも、それは子守唄だけではなくて日本全体の信仰がそうですよね。

松永　それで、都合のいいのと都合の悪いのとの見分けがとても上手。日本人、広くはアジア人もそうなんだけど、これは役に立つからとり入れる、これはいらんからはずすという。日本の場合はとりわけ、なんでも役に立つのはいっしょくたに包んでしまうから、風呂敷文化ってぼくは言うの。このあいだ、おもしろい体験をしましたよ。NHKの衛星放送の仕事を五日間続けてやりましてね。ある町の山の上にお稲荷さんとえびすさんを一緒にしてるんですよ。社はひとつなんですよ。鳥居に、えびす神社、いなり神社と書いてあるの。こういうことを平気でする民族なんだな。一緒に拝んでいれば便利なんだね。

登紀子、荘介　そうなんだよね。うん、あるある（笑）。

松永　そういう手近なところに神がいたり仏がいたりするから、永遠なるものじゃなくて、極めて生活的なものとしてそれがあったから、お地蔵さんの頭をなでようね、と言って子供の手でなでさせる。そして、ああお前は十年長生きするぞ、とか言ってしまうような、ひょうきんな雰囲気があります。これはムードのおかしさ、ユーモラスな味わいとして投影されるし、子守唄の中のナンセンスには、そういう日本の根底の文化というものが反映してると思ってもいいんですよ。厳密な分析をしていくと子守唄っていうのは大変おもしろい材料なんです。暗いとか明るいとかっていう見方で、高木東六さんが、日本の子守唄は暗くしてはいかん、明るいメロディーを子供に与えてないと子供の性格がいびつになっていきます、という。人生論におきかえてしまう傾向があって、ぼくはああいうのはあんまり賛成じゃないですね。

類歌で広がっている日本の子守唄

登紀子　いまそういう意味で、母親が母親として真面目になり過ぎてるから、ひょうきんじゃないのよね。ユーモアの世界。

松永　意味がないというナンセンスなことを言っていると、母親の感覚の中に自分がレベルが低いんではないかと感じてしまうところがある。それから自分のレベルを上げて夢のあるものを伝えてあげるという発想が教育という感覚に刺激されて出てくるわけです。教育という思想にふれてくるんではなくて教育という感覚に。ＰＴＡ的なＰＴＡの会合でものを言うようなモノサシがね。その子供に何か与えるときにすっと出てきてしまっていると思う。だから、それを伝統的な江戸時代あたりから型をととのえてきた子守唄が、逆説的に言えば、いま息づいていていいと思うな。江戸時代に作られたある唄を今のお母さんにつき出して、どんな反応があるかをためしてみることによって、文明というもののひ弱さがよくわかりますよ。文明の恩恵を浴びなかった江戸の庶民たちは、知恵というものを自分たちでしっかりたくわえてきている。その力というものが暗い唄やら、人を茶化す唄なんかにちゃんとにじみ出ているのね。その点では、古い子守唄の方が強いんですよ。今風な教育感覚で、むかしの伝統的な子守唄を分析すると、これはもう一発でダメと言われるけれど、もっと大きな見方をしていくと、やっぱり五〜六行に凝縮されてる、日本の伝統的な子守唄のもつ底の深さがわかってくる。一度そういうものをぶつからせる試みをやっていいと思うんだよ。今度は音楽として世に出されるわけだからそれをお母さんたちに聞かせて、ショック療法をさせていく手もあるよね。これは純粋に音楽の問題として鑑賞させるっていうことも効果としてあるかも知れないけれど、違った角度から見ていくと、ショック療法の刺激剤にもなりうる。それから日本の子守唄というのは、それぞれ一万編あるとして、一万のキャラクターを充分もち得てるかというと、そんなことはないんですよ。やっぱり類歌というもので広がっていきます。例えば、五行詩でなり立っているとしますね。うしろの二行位は借りものなんだよ。よそのどこかのおもしろいものをくっつけて、自分たちのオリジナルが三行、うしろの二行は借りもの。お嫁さんが、となりの山の向こうの集落に嫁いで行くとしますね。すると、そこの唄をもっていくわけですよ。歌ってきかせると「あれ、あんたのとこ、うしろのとこ、ちょっと違うな」と言うわけですよ。「でも、あんたのとこの、うしろの方がおもしろいや」って言ったら、とり替えようってことになったり。こんなことが容易におこるんですね、類歌では。こういうふうにして川づたいに、山や峠を越えて、広がっていく。その交通の要路、例えば東海道、山陽道、北陸道とかね。そういうところで移動する可能性も非常に高かったけど、意外に二千メートルの山を越えてることだってあるんですよ。お嫁さんにいけば、そういう婚姻という、男と女のめぐりあい、いのちの営みをベースにした愛情の出会いの中で、唄がちゃんと合流しているってことが類歌を調べていくとよくわかるのね。借ものだからあんまり苦労しないで歌詞を作ってる。そして、「これはおもしろい」って言っちゃうんですよ。その典型的なものは江戸子守唄でね。これは参勤交代で全国のお殿様が家来を二百人くらいずつ連れて江戸住まいになるわけでしょう。それで彼等が任期明けに帰るわけ。帰るときに江戸の唄をもっていくわけですよ。ところが、「でんでん太鼓に笙の笛……」の、あの基本が江戸の唄なんですがね。東海道筋のいわゆるメインストリートを西の方へ行くときには、まだこの唄はくずれないんです。ところが、北陸道なんかに入っちゃうとね。しっぽがどんどんくずれていくんです。こういう類歌の変遷を見ていくと、へ、、へんぴな所に行くとへんぴな地域の空気に合致する歌詞でないといかんという、地元的なオリジナリティーが類歌のシッポの方にくっついていることがわかって、とてもおもしろい。

荘介　その地のオリジナル性ね。

松永　だから、今でいえば新幹線が走ってるところは、意外に江戸流のものでね。

よそものをアレンジしてとり入れる地方文化

荘介　そうするとね、いまちょうど人と一緒に唄は旅をするということを世界規模で求めようということがあるんですけどね。日本の中でも同じ歌詞でまったく違うのがあるんですね。秋田の大曲の刈和野というところでみつけた「ねんねんコロコロ浜の石」という子守唄に「ねんねんころころ浜の石、コロコロころんでどこへ行く、波にもまれて淡路島……」という歌詞がある。なんで淡路島が出るんでしょうって、ＮＨＫのラジオで私が問いかけたら、即、淡路島からリアクションがありまして、それはこちらの子守唄ですって言ってきたんですよ。そしたら、こんどは「尾道に古くから伝わる子守唄」があって、昨年の島原市での全国子守唄フェスタで同じ舞台上で歌い比べたんですが、どちらも長調なんですが、まったくメロディーが違うんです。どうしてどんな旅をしてそうなったのか、楽しみにしてるテーマがあるんです。

松永　おもしろいね。その尾道っていって、すぐわかることはね、北前船なんですよ。

荘介　やっぱり、そうなんですか。

松永　北前船のそのひんぱんな移動は、荷物も移動するということです。大阪から船に乗って瀬戸内海を通って、北陸の海を経て、いくつか寄っていく。港に入るとその港の人達が受け入れる唄にアレンジしなければいけないわけですよ。大阪ナマリじゃ駄目だから、たとえば敦賀の歌詞に作り変えておかなければいけない。メロディーはそれほど変えなくても、歌詞の部分をちょっと変えるだけでいい。まったくそこの地のものになってしまうと、よそから来た外来のおもしろさが無くなるから、そこの加減がむずかしいわけよ。

荘介　加減がね（笑）。

登紀子　松永さんは大道芸人の才能があるんじゃない（笑）。あたしにはそういう計算はないもんね。

松永　佐渡の方へ行ったり、秋田の方へ行ったりしてね。これはおもしろいなあと言ってね。つまり外来の舶来のものを日本人が明治以来に目を輝かせて受けとった同じ感覚を江戸末期でもキャッチ出来たんです。尾道のモダンな要素のものが、これはめずらしいぞ、と受けとめた。そして、どこかを秋田流にアレンジしておけば安定するという構造になっているわけですよ。ばた臭いまんまじゃ困るものね。自分の所に全部入れ込んでしまうと困るのね。そこら辺の調和能力といいますか、調和させていくのがカルチャーなんです。地方文化という。

荘介　そうですね。

松永　刺激はよそからずい分たくさん受けとった。ある在所のものがそこからでてきて、それがそのまんま根をはって、幹を育てて枝を広げて、丹精するということがわりと少ない。全部、よそからの刺激を受けながらオリジナルのように仕向けていくというのが、日本の文化、地方の強さなんですよね。江戸子守唄を江戸のままじゃいやだという抵抗の意識もちゃんともっていた。

荘介　加減というのがいいね。なるほどね。

登紀子　それは本当にすべての唄に言えますね。

キラキラしている西日本の子守唄の歌詞

松永　子守唄の歌詞なら歌詞の分析をそのかぎりにおいて完結させないで、それを文化の問題に気軽に広げてとらえるくせをつけておかなければいけない。それと、光りの豊かな地域に生まれた子守唄のキャラクターと、雪国で生まれた唄のキャラクターは本質的に違うはずです。言葉がキラキラするか、言葉がしっとりしているかとの違いは、風土の違いとしてあると思います。西日本の歌詞の方がキラつきますよ。キラキラしてます。西日本の方が、言葉として見ていけばおもしろさがある。文学的には。北の方が土着思考が強いし、構えがある。腰が座っています。

荘介　なるほどね。

松永　「親のおらん子は磯辺の千鳥よ、日暮れまぐれにゃ袖しぼる……」というのが島原から長崎、天草をふくめた地方にあります。あの地域の子守唄の原型なんです。

登紀子　う〜ん、驚いたなあ。

松永　解説すると、「親がいなければ子守唄も歌ってもらえない。けっきょく磯辺に鳴いてる千鳥が子守唄なんだよ。それを聞けば、袖をしぼるぐらいに泣かなけりゃいけないいんだよ。」この情緒過剰な、これはある意味で江戸調の文学の流れをひいているんです。小歌にもなる色っぽさ。こういう歌詞は東北では生まれないと思いますよ。情緒過剰というのには、プラス面とマイナス面とありますけどね。世の中の空気とか自然とかの、外界の変化にどれだけ自分の主観で適用するかの問題でしょう？　そうすると、西日本の場合には、陽射しが柔らかで変化がわりに激しい。パッと曇ったかと思うとパッと晴れて。寒い日も、もちろんあるけれど、わりにあったかい日があって、パッと花が咲いて。忙しいぐらいね、感覚を働かせなきゃいけないんですよ。そういうことが文学や絵をかく人たちを育てる土壌になっているんです。

荘介　う〜ん。なるほどね。

松永　西日本の方が文学者、作家とか詩人とか音楽家とか画家とかがたくさん出て、東北の方が出にくいのは、東北人は物をじーっと考えている内に時間が終わっちゃうんですよ。

荘介　アッハッハ。何か自分のことを言われてるみたいです。

松永　(西日本は)反応が早いよね、直観的に反応して。反応したということはわかったということじゃないんですよ。言葉で返さなければいけない。大自然から何かを受けとめて、それを言葉で返す。

登紀子　東京と大阪の差でもそれはありますよね。

松永　ありますよね。大阪の方の漫才でも、言葉のやりとり、かけあいのはげしさというのはね、やっぱり東京の方がやや北寄りです。そうすると大阪の方が、西に寄ってる分だけ感覚がはげしく出やすいですね。それは子守唄にもよくあらわれていますよね。

登紀子　ただ、あたしなんか京都だけど、京都と大阪でもその差はありますよね。

松永、荘介　うん、あるある。

松永　京都の場合には、淀川でつながってはいますけど、大阪は海に広げる側面がありますから、外来のものをキャッチする能力が昔からあったんですよ。堺の港なんかがヨーロッパの文化を取り入れてきたということも含めていえば、大阪の方が遣唐使以来、外来のものをキャッチする能力にたけていた。京都には「都」が長くあったということで、権威依存、権力依存の感覚が中心にあるんです。その上京都は底冷えがする寒さで、北風が山をぬって入ってくるんですよ。

登紀子　北国に近いな。

残酷な詞をメロディーが救っている

松永　美山の子守唄ってのは、京都から丹後半島に近い方にありますよね。「①つらのにくい子をまな板にのせて／青菜切るようにザクザクとよホホイ。②切ってきざん～で油であ～げて／道の四辻にとぼしおくよホホイ。③人が通ればなむあみだーぶつ／親が通れば血の涙よホホイ」。こんな残酷な唄がどういう効果をあらわしたかと言うと、あのメロディーで救ってるんですよ。「よホホイ」で。

登紀子　よホホイがいいわね。

松永　そこをすっと抜くのね。するとこの唄がそれほど残酷には伝わらなかったでしょう。フィーリングとしてわかるけどね。リアリティーはそれほどなかったんでしょう。

荘介　ここで、ちょっとした解決が出たようだ。これはすごいことですよ。

登紀子　やっぱり、だからあの皮膚の細胞がね。こう、ざっくざくとかそういう響きというのが、すごく、ぐさっとくるんだよね。そのぐさっときたあとに、ふあーっと。すごく、生理的にもまれるわけね。

松永　それでゆりもどしがあるわけね、こっちにぐーっとひっぱって、しゅーっとこっちにもどすわけでしょう。歌う方はそれに倍加して、カタルシスを味わってるんです。子守娘が歌って自分を苦しめることはない。歌うことによって子守娘がカタルシスを味わっていたわけだから。残酷なものの唄のしっぽをひゅーんと上げてね、息を抜けば子守娘は、「ああ、今日はいい気分になった」と。そうでなきゃもちませんよ。

荘介　そうね、そこだ!!　良かった(笑)。

登紀子　本当に、良くわかるわねえー。

荘介　大体、ここでまとまりましたね。

松永　これから、大らかな見方をもって子守唄をとらえていかないと。過去の遺産を相続して、受け継いで何とかがんばって同じような唄を普及しようとかいう、普及運動はしなくていいよ。おもしろいのはおもしろいと言って、忘れたけりゃ忘れていいさ。何か、おっと気がつくものがあって、日本という風土から生まれたこの財産はね、これはいろんな面で分析していけばおもしろいよっていうところまで、ちょっと一滴たらしてやっときゃいいんですよ。

《荘介からひとこと》

松永伍一さん

著名な詩人としての先生よりも、『日本の子守唄』『子守唄の人生』の著作者として、いつも追いかけている私の、ずーっと前の方を歩いていらっしゃる先生として、ご尊敬申し上げております。岡山県井原市で行われた「第一回日本の子守唄フェスティバル」のシンポジウムでパネラーとしてご一緒し、同じ宿に泊まり、その暖かい人間性に強くひかれました。

加藤登紀子さん

登紀子さんが作った歌を聞いたり、歌ったりしているとじわーっと涙が出てきます。母親として、歌手として、もちろん主婦として、いくつもの姿をもちながら、どんな状況の中でもひたむきに新しいすてきな曲をどんどん作り、そしていろんなジャンルの歌にチャレンジしながら確実に前進し、その足跡を残しているということは本当にすばらしいことです。

（『日本の子守唄　鑑賞アルバム』より）

第9幕

わが心の友、笹倉明さん、淡谷のり子さん、伊東弘泰さん

日本のふる里としての子守唄

笹倉 明　原 荘介

サビついた心のひき出しに入っている子守歌

荘介　本当に久しぶりですね。どれ位になりますか？

明　そうですね。かれこれ十二年にはなるんではないでしょうか。原さんも、大分白いモノが目立ってきましたね。

荘介　何をいうんですか。それはお互いさまでしょう。とにかく一年の中身というか、とても重みを感ずるようになってきました。

明　私、学生時代に一年間ほど海外旅行してましてね。その一年間はとても長かったですね。

荘介　でも、それはものすごい、コヤシになったんでしょう？

明　それはどうですかね。毎日毎日が違うでしょう？　日々新しいことに出会う。大変なことですね。三百六十五日あれば本当にいろんなことがありますよ。

荘介　ほんの一瞬みたいだけれど、辿ってゆくとすごいんだよね。

明　その一年が自分にとって、どういう意味をもつか。とても辛い時期だったとか、とても楽しい時期だったとか、そういうことにもよるでしょうね。

荘介　つまり、中身ね。さて、本題に入りますが、私が昔、笹倉さんからプレゼントしていただいた、福永武彦著『忘却の河』という本。この本が私の原点みたいになってしまったんですけれど。何回目かに読んで内容が理解できたとき、涙がとまりませんでした。四回目だったと思うけど……。その後に、福永文学をほとんど読んだわけですけれど。あの主人公の娘さんが、ある時ふと子守唄を歌うんだけれど、必ず同じ個所でつまってしまい、どうしてもその先が思い出せない。そしてある時、病気で入院している所へ、自分が一番大嫌いなお父さんが来て、隣の部屋で、その続きを歌う場面があって……。娘さんが「どうしてお父さんこの唄を知ってるの？」ってつめ寄り、お父さんが誰にもしゃべらなかった自分の子供の頃の辛い思い出を語り、「お前と一緒のとき、お前を抱っこしている時にしかこの子守唄を歌わなかったんだよ……」と説明し、最後にその娘さんが「お父さん、大好きよ」っていう場面があるでしょう。私はいろんな人にこの話をするけれど、いつもそこで泣けてくるんです。つまり、その人の心のひき出しに、それもサビついたひき出しの中に入っていた子守唄。そのひき出しが半分開いたときなんですね。だからいつも、おばあちゃんとかおじいちゃんに子守唄を歌ってもらうときには「ああ、この人の心のひき出しが、今、開いたんだなあ……」って。それともうひとつ、「ねんねんころりよ〜」だけが子守唄ではなくて、その当時の流行歌《はやりうた》でもなんでもいい。つまり、唄はすべて子守唄になるんだと言いたいわけなんですけれど……。

日本の近代文明に対して古き良きものの亡霊がでる

明　昔、原さんと対談をやったときに、こんなことを言ってたでしょう？　子守唄は三種類あって、赤ちゃんを寝かしつける唄、それから子守子が自分の身をなげく唄、そしてその中間的なものがあるって。でも、圧倒的に、自分の身をなげくものが多いようだ……と。

荘介　そうなんですよ。

明　それから、とてもおもしろかったのが、五木村の話ですね。とても崖が急で、谷底から空を見上げると、降ってくる雨が白く長く見えるとか、崖から落ちて死んだ鹿を村人と一緒に食べた話とか、学校の校庭で体操をやってる時に、どうしても人数が多いので、数えたらひとり、いや、いっぴきが猿だったとか……（笑）。

荘介　そうそう、その話はね、昔、五木村の小学校で先生をしていた人から聞いた話です。なつかしいですね。私は今も五木村が好きで、時々行ってるんですよ。今回も五木の子守唄だけで、何種類かまとめております。でも、あの頃から見ると、大分道路も良くなりました。一番最初に訪れた頃は、人吉市からバスに乗ったとき、とても恐かったですけどね。

明　もう、ダムになったんですか？

荘介　いや、まだです。なりかかってるというか、でも近いでしょうね。五木村に行くたびに家が少なくなっていてとても悲しいですね。バイパスなんかも出来て、本当に時間の流れを感じます。

明　とても象徴的ですね。近代化、近代文明というか。戦後の日本では、追いかけてきた経済発展とともに、古いものがどんどん消えていくわけでしょう？　日本の近代文明に対してこのままいくとね、いつか亡霊が出ますよ。古き良き時代のものが消えたうらみみたいなものに対してね。もうすでに亡霊に、相当たたられていますけどね。

荘介　五木村で七百年もの間、肩寄せ合って生きてきた人達がバラバラに離散し、子守唄を歌う人もどんどんいなくなって悲しくなりますね。

明　インカ文明などが滅んでいったように、日本の文化がどんどん埋没していく。経済だけが先行している現状で、日本人の精神が変質していく。風景が変わっても、時代が変わっても、精神は変わっていってほしくないと思いますけど、仲々むずかしいですね。日本の文化は風景と一体化していると思う。風景こそがふる里なんですね。一体なんですよ。だから、日本のふる里がなくなっていくんではないでしょうかね？

荘介　その話とつながるかどうかわからないけれど、私は最近、日本の子供達にあいそをつかしているんですよ（笑）。大変な偏見だと思いますが、塾だとか勉強ばかりで、心の中にすき間がなくなってるんだとね。ところがですね、最近、天草の福連木という所へ行って、一説では、五木の子守唄のルーツではないかとされている福連木の子守唄を、福連木小学校の全校生のコーラスで、歌ってもらったんです。そのあと、一時間くらいでしたが、ヨーロッパの日本人学校へ行ってきた話などをしたんですが、あの子供達の輝くような目、そして感性。本当にうれしくてしかたがなかったですね。ややオーバーに言えば、まだまだ、日本も大丈夫だと、勇気がわいてきました。偏見を捨てて、なんとか近いうちに、東京の子供達と真剣勝負（心の交流）をしてみたいですね。誰を責めるわけではないけれど、今の日本は、何か大事なものを失っているような気がします。

子守唄はすべての源。母性だと思う

明　さっき、子守唄が原点、すべての源みたいだと言いました。それは母性だと思う。あらゆる意味での母なるものね。ラテン語でマーテル。つまり、マザーの語源ですけれど、人間の現象的なあったかいふところの深さ……。それなくては出発できないし、それなくては終われないという、非常に重要な要素。そういうものが、マーテルだと思うし、唄の世界でいえば子守唄だと思う。心の中にしみて残っているメロディー。そういうものを伝えていく。これはとても大事なことだと思います。ロックもいいし、ジャズもいいけれど、しかし、そういうものさえも原点にかえれば、それぞれの国の子守唄にかえっていく。

荘介　そうね。けっして日本の問題だけではなくて、地球規模で、そういうものが転換期を迎えるのではないでしょうか。ぜひとも、世界の子守唄に取り組んでみたいですね。

《荘介からひとこと》

ほんとうに久しぶりの再会なのに、つい昨日のように感ずるのは、心ふれた、良き友人である「証」だと思います。笹倉さんが「サントリーミステリー大賞」そして「直木賞」をとったとき、私は本当に自分のことのように、心から良かったと喜びました。私の人生にとって、とても大事な示唆を与えた一冊の本『忘却の河』（福永武彦著）を、むかし私に贈ってくれました。

（『日本の子守唄　鑑賞アルバム』より）

追記

『オール讀物』の二〇一六年七月号に、思いがけない顔を見た。笹倉明さんである。連絡をとれなくなって、何年もが経っていた。記事のタイトルは「直木賞作家が僧侶になった理由」である。

彼との出会いは、私の人生を決めた福永武彦の『忘却の河』。私にプレゼントしてくれたのだ。本がびしょびしょになるくらい泣いた。心の底を流れている河、それはまさに子守唄である。

青梅市の市民会館を会場にして、全国のシンガーソングライターを集め、私が審査委員長、笹倉さんも審査委員。まる十年間続けた会がある。

笹倉さんは、私が音楽プロデューサーをやった映画『新・雪国』の制作・失敗で、ものすごい赤字で倒産し、タイに逃れた。三回ほどタイから来てもらったこともあるが、数年前、タイに大洪水があって、それ以後ぷっつりと連絡が絶えた。何年かして、もうこの世にはいないんだとあきらめた。

ちょうど、高崎におトキさんのエディット・ピアフのコンサートを聴きに行ったとき、笹倉さんと親しくしている人とばったり会った。そこで笹倉さんが元気でいることを知った。携帯のメールアドレスを聞いて連絡してみたら、返事がきた。とてもうれしかった。

生きていることは、いいことだよね。

子守唄・津軽・かまりっこ

淡谷のり子　原　荘介

大事にされすぎて子守唄を歌ってもらってない

荘介　はじめまして、原荘介でございます。よろしくお願いします。早速ですが、本当はできれば先生に津軽の子守唄を一曲歌っていただきたいと思っていたんですが……。
淡谷　歌える子守唄ってのはないのよね。
荘介　歌う子守唄がないんでしたら、「私と子守唄」というテーマでお話を少し伺いたいと思いますが。
淡谷　そうねえ。私は四歳のときから、広い所でひとりっきりで寝かせられていたので誰からも子守唄を歌ってもらった記憶がないのよ。あまりにも大事にされすぎたのよね。母や妹にも、そういう記憶はなかったようです。幼稚園のとき、巌谷小波という人が唄を歌いに来てくれた記憶があります。その人に「可愛い」と抱っこされたときに、すぐに私は当時の流行歌を歌ったということです。小学校の頃は「ね〜むれ、ね〜むれ……」と、シューベルトの子守唄を歌わされた。それから「ねむれよい子よ〜」、ブラームスの子守唄とかね。あとは子供の頃によく歌った唄としては「カチューシャの唄」や「ゆーこーかもーどろーか、オーロラーの下を〜」、「さすらいの唄」とかですね。小学校一年に入ったときに独唱したのが「わたしの人形はよい人形、眼はぱっちりと〜」の「私の人形」でした。そして女学校のときにね、シューベルトのセレナーデを英語で歌わされたのがとても印象に残っているの。

自分の生まれた街を考えると切なくなるときがある

荘介　その当時は英語で歌ったりしてはいけなかったのではないですか？

淡谷　そういうことになるずっと前なのよ。私は青森にはあまりいい思い出がなかった。大きな家に生まれたけれど、家が「かまどけして、ぼられたのよ」わかる？

荘介　ええ、わかります。私のおふくろが津軽の板柳という町の出身ですから、津軽弁はほとんどわかります。つまり「家が倒産して故郷を追われた」っていう意味でしょう？　実は私の家は秋田県の大館市でした。津軽の弘前まで、今は四十分位でいく距離なんですけれど、その大館で事業を失敗して、やはり追われるように東京へ来ました。今、父親も母親も元気で神奈川におりますが。私も自分の生まれた街は、辛い、悲しい思い出の方が多くて、切なくなるときがあります。人を憎むわけにもいかないし、かといって「町」をうらむわけにもいかないし。

淡谷　そうなの。本当に辛いことよね。

荘介　でも、この話とはつながるかどうかわかりませんが、最近、ある悟りを開きました。それは若造の私がいうのも変ですが、人生は自分と同じ香りのする人と出会い、その人を大切にしていくだけで充分なのではないか。つまり、性格とかうまが合わないとか、そんな人たちにもいい顔をしたりするということは、とても疲れることだしね。田舎の言葉でいえば「自分と同じかまりっこのある人を大事にして、つき合っていく」ということなんです。

淡谷　そうそう、かまりっこ（香り）ね（笑）。

《荘介からひとこと》

このあと津軽弁での楽しい話があり、ちょうどコンサートのはじまる直前でしたけれど、とてもとても、親しくお話をしてくれました。何か、自分のおふくろさんの側にいるといった感じでした。淡谷さんは、自分ではきまった子守唄はないとおっしゃってますが、きっと、きっと心のひき出しに淡谷先生自身でも気がついていない子守唄が入ってるかもしれませんね。「ふる里は遠くにありて思うもの……」お話をしている内に、私は涙が出そうになりました。というのは、ある時期に私はいろんなことがあって、大館の駅前で星がやけにきれいな空を見上げながら、今日はどこへ泊まろうか、いろんな事情で自分が生まれた「町」に来て、ねぐらの定まらなかった自分が悲しくて悲しくて、涙をポロポロ流したことを思い出してしまいました。本来生まれた「町」というものは、母が子供を抱くように暖かく、優しく、いとおしさをもって迎えてくれるはずなのに……。

（『日本の子守唄　鑑賞アルバム』より）

アビリティーズ協会・伊東弘泰さんへ

原　荘介

日本アビリティーズ協会というNPO法人があり、会長の伊東弘泰さんと、私は仲良くしているんですが、彼は自分自身が小児麻痺で脚が悪いのに、千人を超える従業員が働くグループ企業を創り育てた人です。日本アビリティーズ協会には、「アビリティーズの綱領」というのがあって、「わたしは、国家に養われ、卑屈で、怠惰な人生を送ることに満足できない。わたしは、夢をえがき、計算された冒険の道を求め、建設しつづける。――たとえ、それが成功しようとも、失敗しようとも。わたしは、すばらしい人生の刺激を、いくばくかの施し物のために放棄することなどしない」と謳っています。人に力を貸すということは、施すことではないという、川内先生の考えと呼応しますね。先生の詩を読んで思い出したよ。

「おんぶに抱っこ」という言葉があるけども、何かしてもらえば、さらにそれに甘えようとするところが、人間にはあるよね。そういう甘えを断ち切って、勇気を与えていくようなことをやっていきたいね。寝たきりの人、動けない人でも、今そこに自分が存在することのすごさに気がつく何かがあるはずなんですよ。

私は、昔、仙台にある筋ジストロフィーの人たちの施設に行ったことがあるんですよ。私が演奏し終わって、みんなが拍手してくれるのに、一人、拍手しない、きれいな女の子がいたんですよ。でね、彼女は、あとで「私は筋ジストロフィーで、手もたたけないし、涙を流すことはできません」と、はっきり言いましたね。外から見てると、何だ、この人、何もわかってないんじゃねえかと思っちゃうわけですよ。だけど、あとではっきり言われたとき、私はショックだった。人というのは、他人の泣いたさまを見たり、手をたたいてくれたことに思いを寄せることはできるけれども、何もできない人を思いやる力ってないんだよ、私なんかもきっと。だけど終わってからこう言われたときに、ああ、しまったなと思ったね。何だこの人は、無感動になっちゃってるのか、と思ってしまってた。だけど病気で、涙も出なかったんですよ。手もたたけなかったんですよ。

久しぶりに会った弘泰さんに、私はいきなり、

「弘泰さん、自分の心の引き出しに入ってる子守唄は……どんな歌？」

と質問しました。

「うーん……」

といったきり、答えは返ってきませんでしたね。

同席していたのは、弘泰さんの多感期の高校時代の友人Iさん、もうふたり古い友人の方と、四人でちょうど、弘泰さんの会社創立五十周年記念パーティのあとでした。弘泰さんの会社は「日本アビリティーズ協会」です。

弘泰さんのことを少し紹介したいと思います。生まれつきの身障者で、小さい時から、一切のスポーツが出来なかったようで、早稲田大学を卒業時の、約百社への就活体験が、彼の人生を変えたようです。

会社創立五十年の記念日、たった六人で出発した当時の会社の写真などを使っての説明を聴き、私は大きな感動、感銘を受けました。弘泰さんとの出会いはかなり前になりますが、たまたま大宮で建設会社を経営している私より六つ年上の郷里の先輩Kさんが、自分が心から尊敬している人だと言って紹介してくれたのが、弘泰さんでした。

奇しくも、私の仲良しの加藤登紀子さんのご主人だった故藤本敏夫さんと親友だったことでした。五〇年前の一九六六年に六人で出発した会社は、努力を重ね、今は千人の社員をかかえる会社に成長した、身障者の器具等の販売を主としております。

弘泰さんは二〇〇一（平成十三）年に国際レベルの「障害者差別禁止法」の実現のため、「障害者差別禁止法を実現するネットワーク」を結成、二〇〇九年、当時の総理大臣、鳩山由紀夫氏の決断を得て二〇一三（平成二十五）年に法律が成立。二〇一六（平成二十八）年四月に施行されたのです。

本当にすばらしいことです。

【アビリティーズの綱領】

わたしは平凡な人間でありたくない。非凡な人間としてできれば〝保障〟よりも〝チャンス〟を選ぶこと……これこそわたしの願いである。

わたしは、国家に養われ、卑屈で、怠惰な人生を送ることに満足できない。わたしは、夢をえがき、計算された冒険の道を求め、建設しつづける。

――たとえ、それが成功しようとも、失敗しようとも。――

わたしは、すばらしい人生の刺激を、いくばくかの施し物のために放棄することなどしない。

わたしは保障された生き方よりも、つねに挑戦する人生を選ぶ。それはユートピアのような日々ではなく、スリルに満ちた世界である。

わたしは、決して、恩恵のために自由を、慈善のために尊厳を捨てることはしない。いかなる権力者の前でも畏怖しないし、また、いかなる恐怖に対しても恐れることはない。

姿勢を正し、誇らかに、なにごとも恐れず、自らの意思で決断し、行動する。自分で創造していくことを大切に考え、世間に向かってこう宣言したい。

——これがわたしの成し遂げたことだ——と。

すべての障害者のために、あなたとわたしのために、

この綱領は名誉ある日本人としての道を示すものである。

一九六六年四月十七日宣言

特定非営利活動法人　日本アビリティーズ協会

男のロマン——日本子守唄フェスティバル第1回　エピソード

原　荘介

広島県福山市の隣り合わせに岡山県井原市という町があります。「中国地方の子守唄」の発祥地として知られています。

私が四十一歳の頃のことです。

たまたま読んでいた『朝日新聞』の社会面のコラムに「町おこしのために、子守唄のフェスティバルをやろうとしている若ものたち……」という記事がありました。私は嬉しくなって、すぐに井原市役所に電話をかけました。

驚いたことに、翌々日、渋谷のＮＨＫの向かいにある私の事務所に、井原市役所の担当者Ｏさんと井原青年会議所の幹部二人が訪ねて来たのです。

色々話をしている内に私ものってきました。

その当時、私は京都にあるシャンソニエ「パリ野郎」で一ヶ月おき、つまり奇数月の第三水曜日の夜七時と、奇数にこだわって定例ライブを行っていました。

それからは、一か月ごとの京都のライブの度に井原まで足を延ばして、井原青年会議所の幹部の人たちと一杯飲みながらのミーティングが始まりました。

そして、ついに一九八六年十一月十五日に第一回の「日本子守唄フェスティバル」を実現、スタートさせたのです。並行して第一回「日本の子守唄サミット会議」も実現させました。その時のステージの裏方はほとんどが素人の若者たちです。ステージの上手《かみて》・下手《しもて》などの意味も分かりません。「じょうず」「へた」と読んだのですから……。

参加は「五木村（熊本県）」「天草町（熊本県）」「井原市（岡山県）」「岩出町（和歌山県岩出市）」「島原市」「宇目町（現在の大分県佐伯市）」「沼津市」の七市町村でした。

それぞれ「五木の子守唄」「福連木《ふくれぎ》の子守唄」「根来《ねごろ》の子守唄」「島原の子守唄」「宇目の歌げんか」「この子の可愛さ」などの子守唄を、それぞれの町から伝承者が参加して披露しました。

又、基調講演では詩人の故松永伍一先生を迎えて数人のパネラーが子守唄について語り合いました。私はパネラーのひとりとして、又、アトラクションではギターを演奏しました。私はここで、後に子守唄ブラザーズとして、ふたりで全国をまわり、たくさんの教えをいただいた松永伍一先生と出会ったのです。

そして、フェスティバルが無事終わって、涙を流しながら成功を喜び合ったのが、つい昨日のようです。

当時四十前の青年は、今六十過ぎのおじいさんになり、亡くなってしまった人も数人居り、本当に時の流れの早さに驚くばかりです。

あの若者たちの「心」を揺り動かし、情熱を沸き立たせた「子守唄」の不思議な魅力に、今更ながら感心するばかりです。

「五木の子守歌」を生んだ谷間の五木村——その美しい村が今、ダムの底に沈む

原 荘介

倉本聰さんの話から子守唄のとりこに

もうかれこれ十五年近く前にもなろうか、ある晩、友人である放送作家の倉本聰さんといろんな話をしていた。たまたま私の書いた本に島原の子守唄が載っていたのを見て彼が言った。

「ねえ、こんな歌詞を知ってるかい？　〝泣きやまないと青いエントツのバッタンフルに乗せて唐の国へ売りとばす……〟」

「初めて聞くけれど、その〝青いエントツのバッタンフル〟というのは何ですか」

「蒸気船のことでね、つまり船に乗せて中国へ売りとばすぞ、ということさ」

「随分残酷な言葉だなあ」

「そう、よーく気をつけてみると子守唄ってのは残酷な言葉が多いんだよね」

こんな会話が私の人生を少し変えてしまった。そして二人のライフワークとして一生かけて、それぞれのジャンルで研究していこうということになった。その後、彼はずーっと北海道に住みついてしまい、たまに電話でお話をする程度だが、どちらかというと私の方がどっぷりと子守唄にのめり込んでしまっていた。随分あちこち歩き回り、資料を集めた。かつて北原白秋が大正末期までに三千の子守唄を集めた復刻版を見たが、その本に載っていない唄もかなり集まっていた。これはきっと無限に近い程の言葉が残っているのではなかろうか、といささか閉口しながらも新たなファイトを燃やしたものだ。

ある本に寺山修司さんがこんなことを書いておられた。――子守唄だけが子守唄じゃない。その人その人にそれぞれの思い出の歌があって、それがその人にとっては子守唄だ。『唐獅子牡丹』だって『網走番外地』だって子守唄なんだ――私もまったくその意見には賛成だし、そういわれてみれば私の子守唄だって、ある時には『十五夜お月さん』だったり、ある時には『湯の町エレジー』だったりする。それがどうしてわらべ唄というジャンルを更に枠を狭くして、いわゆる子守唄にとりつかれたのか。やはり、子守唄の背景、つまりその土地の歴史や自然の条件などをもとに、年端もいかない子供によって作られたという点が、人間の生きる哀しさを歌いあげたいと思っている私にとってはたまらなくなったのだろう。

ガケから鹿が落ちるという五木村との出会い

子守唄の哀しさを感じ始めていた、そんな時に五本村と出会った。

八年程前、七年計画で全国をギター一本かついで演奏して歩こうと決心し実行に移った。そして二年目、九州を十ヶ所程回り、熊本市の少し先の八代《やつしろ》市に居た。そこでのコンサートが終わったあと、宴会の席で向かい合わせに座ったある小学校の先生といろんな話に花を咲かせていた。私がふと子守唄を研究していることを口にすると、それならぜひとも五木村に行かれるといい、と話し始めた。

「表現は悪いけれど、かつて日本のチベットなどと言われていたあの場所へ行くと、どうしてあの『五木の子守唄』が生まれたのかが良くわかります。こんなことがありました。ものすごい断崖絶壁から鹿が落ちて即死したんです。それほどガケがけわしいということです。そして、その鹿を村人と一緒に食べました。私は村人と心をひとつにしたいために生まれて初めて鹿を食べました。それと驚いたことは、雨が、天から降ってくる雨があんなにきれいで長いものだとは知りませんでした。谷間から天を仰ぐと空が少ししかありません。その合間から白くて、すーっと長い線状になって雨が降ってくるんです。

面白いこともありました。校庭で子供達とイチニ、イチニと体操をやっていたのですがどうしても生徒が一人多いんです。何回も数えたんですがね。ちょっと変な動きの子がいるんでよーく見ていると猿でした。猿が一匹まぎれ込んでみんなと一緒に体操していたんですよ」

その先生のとぼけた話しぶりと、おかしさに、私は笑いころげた。でもすぐにふと淋しくなった。自然の厳しさと闘っている人達を思うと、笑った自分がなさけなくなったからだ。

そして翌年、福岡市での演奏会が終わってから熊本へ行き、熊本から肥後線に乗って五木村へ向かった。野球の川上哲治氏の出生地として、また球磨《くま》川急流下りの出発点として知られる人吉市で下車し、バスに乗り換える。本当に目もくらむような崖っぷちを小型バスが山あいを縫うように奥へ奥へと走っていく。ふり向いて後方を見ると、今縫って来た山々は折り重なっておおいかぶさるように、まさに迫るが如くバスを追いかけてくる。幽玄な山の夕暮れはまさに神々が住んでいるように怪しくてきれいだった。

平家の落人達が川辺川に寄り添うように住んだ村

さすがにバスは空いていて、数人の村人達が乗り降りするだけなのだが、バスは乗客がちゃんと席に座るのを確かめてから発車する。ごくあたりまえのことが、とても新鮮に感じられた。一人降り二人降り、バスの乗客が私ひとりになると、運転手が話しかけてきた。

「お客さん、どちらまで行かれるんですか」

「うーん、終点まで行きたいんだけど」

「終点まで行っても何も無いですよ」

「いいんです。途中のこのすばらしい景色が見たくて来たんだから。それにしても何とも言えない程きれいですね」

「この辺はよく車が落ちるんですよ」

「えっ！」

「特にひどい雨のあとなんかは怖いですね。そうそう、このあたりはよく猿が出てきて、平気でバスの前を悠然と横切るんです。ちょうど人間の子供と同じ位の背丈なんで、一瞬びっくりすることがあります」

そうですか、やっぱりそうですか、と去年八代市で聞いた、かつて五木村の小学校の先生だった人の話をした。

「それにしても、お客さんのような物好きな人もいるんですね」

「はあ？」

こんなのどかな話をしながらの、のんびりムードはとても都会では味わうことができない。しばらく村の中をぶらついたり、ガケの下から、雨が降らないかなあとじーっと空を見上げたり、数時間村に居て最終バスで人吉市に帰った。

昔、五木村へ入るのには川辺川に沿って行くより方法がなかったらしい。それほど山がけわしく奥が深かったわけだ。

五木村は、およそ七百年前一番奥にある五家荘に平家の落人が秘かに住み、それをふさぐような形で下流の方に源氏の流れをくむ人達が住みついたという。その五木村がダムの中に沈もうとしている。川辺川に寄り添うように助け合って生きてきた村民が、ダムの建設賛否をめぐって二つに割れている。

二十年程前に、数世帯の人達がいつのまにか住みつき、ダム建設賛成派として暗躍し、補償問題が金銭的なところへ煮つまってくると、お金をもらってさっさと居なくなってしまったことを、そしてそういう「ダム屋」と呼ばれて各地を渡り歩いて生きている人達がいることを聞いて、背筋が寒くなるのを感じた。私のようにただ単純に子守唄がきっかけで、五木村の景色、たたずまいにとりつかれ何回も足を運んでいるものにとって、村民同士のドロドロした争いごとには絶対に関わりたくなかったものだから、いつも村の誰とも会わずにいた。いずれダムの底に沈み、湖底のふるさととして記憶にしか残らないであろう五木村の山々の景色や風、木々たちの息吹との対話をしながら、自分の体にしみ込んでいく五木村の息づかいを強く感じていた。ところがひょんなことから村の人達とのすばらしい出会いが実現した。

初めて言葉を交わした五木村の小さな住民

昨年暮れ、私は四十二歳のデビューということでコロムビアからLP『あやつり人形』を出し、さっそく大好きな九州からキャンペーンを始めた。ちょうど熊本のNHKへ顔を出したとき、「九州スペシャル」という番組で五木村を取り上げるという取材班のスタッフと出会い、リーダーのTさんと話す機会を得た。そしてわざわざ五木村での宿をご一緒してもらい一日だけ行動を共にするチャンスにめぐり会えた。Tさんも何回か取材の下調べで五木村を訪ねているうちにすっかりとりつかれてしまった一人らしく、どうしても紹介したい人達がいるから、と連れていかれた所が五木村の中学校。音楽教室に入ると、音楽部員女子生徒十九人が今や遅しといった感じで私達を迎えてくれた。初めて言葉を交わす五木村の小さな住民達に詳しく自己紹介したあと「実は五木村には何回か来ていますが、いつもひとりで誰とも会わずに帰っていました。今回、Tさんの紹介でこうして皆さんに会えたことをとても喜んでいます。ところで皆さんの中でギターを弾ける人はいますか」とたずねた。

「…………」

「ギターを持っている人は?」

「…………」

「ギターを弾いてみたいと思う人はいますか?」

「…………」

「えーと、それじゃ、ギターに少しでも興味のある人はいますか?」

「…………」

生徒達からは何の反応もない。ところが、ふと後ろを見ると棚の中に十本のギターが立てかけてある。そのうちの一本を取り出し、おしゃべりを合間に入れながらギターを弾き数曲歌を歌った。十九人の生徒を前にしたミニミニ・コンサートが終わってもう一度たずねた。

「さて、今日はこれくらいにしてボチボチ帰ろうかな。どう、ギターをやってみたいと思った人はいますか？」

「はーい!!」

と今度は全員が手を挙げた。その時の嬉しかったことといったら、もう何と言って説明していいかわからない程で、すぐに眠っていた他の九本のギターを起こし、チューニングして一時間程即席講習会を開いてしまった。

美しく哀しい五木村がダムの底に沈んでしまう

校門まで見送ってくれた全員のひとりひとりと握手を交わし、再会を約束して別れた。東京に帰ると、もう彼女達からの礼状が届いていたので、こちらもさっそく自分の書いた本の中から解り易いギターの教本を選び、カセットテープと一緒に封筒につめ、いそいそと郵便局に持って行った。あの子達の澄んだ瞳とやさしい心のふれ合いが、いっそう五木村への想いを深めてくれたようだ。

……おどまいやいや、泣く子の守《もり》は
　泣くと言われて憎まるる
……おどんま勧進《かんじん》勧進
　あん人達やよか衆《し》
　よか衆、よか帯、よか着物《きもん》

五木村の尾根づたいに「ごべっと峠」という所がある。漢字では「子別峠」。道路が三方向に分かれていて、その中心に大きな木と小さな古ぼけた御堂がある。どうしてかわからないけれど、四ツ角ではないことにかえって胸をしめつけられ、こういう地名が昔からあって、それがそのまま現在まで残っていることがとても哀しくてやりきれなかった。ここで子供と親が、兄弟が、どんなふうにどんな気持ちで別れを惜しんだのか、その様子を想い浮かべるだけで涙が出そうになる。きびしい自然と闘い、口べらしを兼ねて子守っ子として奉公に出され、年老いて自分が生まれたこの土地に帰れた人はそれでもまだ倖せで、病気などのためにこの地を二度と踏むことができなかったであろう人達を想うとき、五木の山や木や川があたたかくその人達の脳裡に鮮やかに写し出されたことを信じたいと思う。

その美しい村がダムの底に沈んでしまうなんて……。今、ダム完成後の水面の上、村から見るとはるか山の上に新しい道路が着々と延びてきている。

（月刊誌『素敵な女性』より、年月不明）

私と子守唄

NPO法人・日本アビリティーズ協会会長　伊東弘泰
シンガーソングライター　因幡晃
女優・歌手　ジュディ・オング
歌手　香西かおり
ハーモニカ奏者　斎藤寿孝
歌手・俳優　さとう宗幸
落語家　三遊亭鳳楽
NPO法人・日本子守唄協会理事長　西舘好子
作曲家　服部克久
女優　星由里子
森繁久彌氏次男　森繁建
俳優　山谷初男

宇宙を超え、両親と心を通わせることができる世界

NPO法人・日本アビリティーズ協会会長
伊東弘泰

私にとって子守唄は、遥かな昔のことであり、いまもなお、身近である。

私は昭和十七年二月生まれ。父はまもなく太平洋戦争で軍隊に召集され、満州に送られた。東京・浅草で生まれた私は、父の出征後、父の実家のある羽田に移ったが、やがて米軍の空襲を避け、母の実家、千葉県のいまの袖ヶ浦市下新田に疎開する。敗戦後二年余りして、父がシベリアで抑留されていたが、栄養失調で解放され復員するまで、私は父を知らなかった。六歳になる直前まで母と二人の生活だった。

戦争末期には父からの手紙は途絶え、生死さえも分からなくなっていたそうだ。生後一歳になる前に小児麻痺で不自由になっていた私は、母に大事に育てられた。

田舎では、母の実家で、また、ある時から知り合いの家で間借りして生活していた。そこで母は、毎晩のように子守唄を小声で歌いながら、私を寝かしつけてくれた。

父は、私が小学校に入学する少し前に、日本に送還された。それで、羽田に戻った。小学二、三年ころだったか、ラジオから子守唄がながれてきた。聞き覚えのある曲だったようで、私は口ずさんでいた。それは母が私を寝かしつけるために、歌ってくれていたのと同じ子守唄だったに違いなかった。

疎開当時、障害のある幼ない私を抱え、音信不通の夫の帰りを待ち続けていた母。母の子守唄は、私を寝かしつける唄であり、また、どこにいるとも分からぬ父が元気に復員することを祈る唄でもあったと思う。

子守唄、それは私にとって、母と父と私の、心の強いきづなを感じさせてくれるものである。すでに両親はとうに他界してしまったが、宇宙を越えて、いつまでも両親と心をひとつにできる世界である。

《荘介からひとこと》

弘泰さんとは不思議な縁で出会いました。ときどき会って勇気をもらっている大切な親友です。人に迷惑をかけず、すばらしい信念を、そして不屈の精神をもって多くの人たちに勇気を与えている姿を見ていると、涙が出そうな感動をおぼえます。

父さんが歌う「唄っこ」が私にとっての子守唄!!

シンガーソングライター
因幡　晃

私の生まれ育った街は、北国の鉱山の街。

古くから季節の折々、男達は酒を酌み交わし秋田民謡で自慢のノドを競う。

とりわけ名調子の父さんの唄に、母さんは、目を細め、そこに乳飲み子の私が居たような……気がする。

田植え唄から収穫の唄、冬の囲炉裏を囲んだ夜なべ唄、昔から季節の移ろいを唄いながら東北の人間は生きてきた。

私にとっての子守歌、それは古くから生活に根ざされた、民謡やわらべ唄。

私の背中をトントンと打つ調子は、母の吐息、今も曲作りで居心地のいいテンポは、きっとトントンが染みついているせいか。

もしかしたら、そこに私の音楽の原点があり記憶の彼方の心地よさに近づこうとしている……のかもしれない。

何げなく口ずさむ、子守唄。

他界した親父の面影や、甦る昔懐かしい故郷の景色に、少しずつ心が穏やかになっていく。

親が子に無償の愛で健やかであれと、願いを込めて歌いかける子守歌、こんな生きにくい時代に、心をつなぐ架け橋として大切にしていきたい。

《荘介からひとこと》

私と同じ秋田県大館市の出身で、弟のように思っています。晃ちゃんとときどき「二人の会」をする時には、お互い田舎の「大館弁」で会話をします。彼の業界でもトップクラスの歌唱力は、きっと民謡できたえられたからかもしれませんね。お互いにがんばりましょう!!

スタンダードジャズが私にとっての子守唄

女優・歌手
ジュディ・オング

私にとってのララバイとはスタンダードジャズですね。

私が三歳の時に、父は台湾のBCCラジオから、GHQ心理作戦部のチーフとして日本に派遣されました。私と兄は、母に連れられ一年後に来日。

記憶にあるのは、家の中に黒い大きなSP盤、LP盤、そして色とりどりのプラスティックのレコードが積み重なっていました。もちろんそのレコードアルバムは、すべてスタンダードジャズ。ドリス・デイ、フランク・シナトラ、パティ・ページ、ビング・クロスビー等、まさに時のジャズシンガー達のアルバム。ラジオ番組をいくつも掛け持ちで制作していた父は、帰宅後も番組でかける選曲作業をしていました。

幼い私と兄は、その隣部屋から聞こえてくる、父がかけるスタンダードジャズナンバーを聴きながら、眠りについていた事を思い出します。

ジャズ、それは自由社会の象徴でした。当時のモダンな生活とは、車、テレビ、冷蔵庫、洗濯機、電気掃除機を持つこと。両親は週末に、揃ってバンド演奏を聴きに行ったり、ダンスホールに行っていたようです。もちろんその頃に歌われていたのはスタンダードジャズ。ペギー葉山さんやディック・ミネさんも、進駐軍のクラブでジャズを歌っていたそうです。

そんな環境で育った私たちは、朝七時三十分、FENから流れてくる「グッドモーニング・ミスター・エコー」を聞いてから学校に行ったものです。

私がジャズを歌うのは、門前の小僧習わぬ経を読む、そうララバイなんです。

《荘介からひとこと》

ジュディさんと出会ったのは、森繁先生にはじめて出会った、南青山にあった「グロスボー」という、小さな会員制のレストランでした。俳優の柳生博さんと三人で、台湾のある有名な曲に子守唄の歌詞をつけました。最近、テレビでジュディさんの顔をみると、昔お会いしたジュディさんのとてもすてきだったお母さまのことを想い出します。ステージで一緒にあの歌を唄いたいですね。

母の鼻歌、それが私の子守唄

歌手
香西かおり

私のはじめての子守唄は「うちの香はヨイヨイヨイヨイ」そんな言葉に節をつけた祖父の唄でした。息子ばかりで娘を知らない祖父は、初めての女の子の孫である私の存在が嬉しくて仕方無い様子を家族から聞きました。祖父は私が物心が付く頃には亡くなっていました。そんな祖父をまねて、母も同じ様に口ずさんでいる記憶があります。後に私にとっての子守唄は母の鼻歌へと変わって行きました。台所仕事の時、洗濯物をたたむ時、父とケンカをした時、嬉しい事があった時。色んな時の鼻歌が私にとっての子守唄だった気がします。

以前、お子守さんのレクイエムでもあった子守唄ですが、私も良くちいさな子供と関わる時に歌を唄いました。そんな頃には、いわゆる昔ながらの子守唄を唄う母という存在が少なくなった様な気がしていました。けれど近頃になって、ジャンルではなく、流行歌であっても、大人達と子供達をつなぐ歌というもの自体が、ある意味で子守唄に代わる音楽なのかなぁなんて感じたりします。テレビから流れるダンサブルな子供番組の音楽も、今の時代の子供達には、そのたぐいの音楽なのかも知れません。

けれど昭和という時代に生まれた私には、昔ながらの唱歌や子守唄を遺して行きたいという思いがあります。どこか懐かしく、切なく、そしてやさしい。そんな子守唄で子供達とつながって行けたら素敵な事ですね。

《荘介からひとこと》

かおりさんと出会ったのは、作家でもある演出家の久世光彦さんが、どうしてもかおりさんの舞台をギター一本でやりたいということで、私をさがしてると森繁久彌先生から連絡をいただいた時です。当時私はベルギーのブリュッセルに在住していました。ベルギーへ帰るのを一週間ずらして、渋谷のパルコ・パートⅢで実現しました。それが縁で、平成六年のJA音頭を私が作曲し、その年のかおりさんに歌っていただいたのも、なつかしい想い出です。

母と子の自然発生的なコミュニケーション、それが子守唄

ハーモニカ奏者
斎藤寿孝

私の幼児期は戦争中だったからか、子守唄には縁遠かった。小学生のはじめの頃は集団学童疎開で栃木県の田舎のお寺で過ごした。

終戦で帰京すると、母に二番目の子供が出来ていた。私の弟だった。しかし、家の中に子守唄が響くことはなかった。子守唄に出会ったのは、小学校の音楽の時間だった。シューベルトやモーツァルトなど西洋の作曲家の創った歌曲だった。だから（私の）子供の頃は、子守唄というのは、偉い作曲家がオペラやシンフォニーを創ったりする合間に家族の営みを歌った、母子をテーマとした小さな作品だと理解していた。

その後、ご縁があって「日本子守唄協会」に関わらせていただいてからの子守唄のイメージは大きく転換した。

母親と子の自然発生的なコミュニケーションとしての唄、それが子守唄のルーツなので

はないか？　一言で〝子守唄〟と言っても様々な側面があり、その誕生には物語があって、興味はつきない。

私の演奏するハーモニカは口にくわえて息を使って音を出す。基本的には歌唱と同じである。その息づかいは微妙で繊細、言葉のわからない外国人にも、心情は伝えられる。ハーモニカという楽器を通して世界中の子守唄を吹いていきたい。

《荘介からひとこと》

日本ハーモニカ連盟の会長さんである寿孝先生とは、お互い日本子守唄協会の役員をしている関係で親しくさせていただいています。いくたびか子守唄のイベントでステージをご一緒させていただき、その美しい音色には母のぬくもりを感じます。

やはり子守唄が似合うのは、母や祖母のようだ

歌手・俳優
さとう宗幸

「ねんねここ、ねんねここ、ねんねここやあ。ねんねここ、ねんねここ、ねんねここやぁ」と、母は私が眠りに就くまで、そればかり繰り返して歌っていた。それ以外に歌詞はないのである。この記憶だけははっきりしている。

十歳離れた長兄に「小学生になってからも母の手枕でおっぱいをいじってたなぁ」と母の存命中、昔の話になるとよく冷やかされたものだ。懐かしそうに笑うだけの母、この記憶は定かではない、そうであったかもしれないような気がする。

「迷子の迷子の仔猫ちゃん……」「げんこつ山のタヌキさんおっぱい飲んでねんねして……」と家内の孫たちを寝かせ付ける子守唄は決まってこの二つ。繰り返し繰り返し歌っている。やはり子守唄が似合うのは母や祖母のようだ。戦前戦後にかけて仙台の児童文学に情熱をかたむけた天江富弥さん、八十五歳での絶筆となったのが「なんぼになっても母

の夢」。母の思い出はいつしか涙に霞んでくる。

《荘介からひとこと》

一世を風靡した『青葉城恋唄』。そして石井好子先生も大好きで、ときどき私のギター伴奏で歌っていただいた『昔きいたシャンソン』の作者でもある歌手の宗さんは、仙台に腰をすえ、「ミヤギテレビ」の「ＯＨ！　バンデス」のパーソナリティとして長年活躍しています。

逃げた女房にゃ……

落語家
三遊亭鳳楽

「子守唄」なんて、懐かしい言葉ですね。だいたい、いま「子守」なんて若い人には意味がわからないでしょうね。私たちの時代には有名な女性がいましたから、みんな知ってましたよ。映画評論の「コモリのおばちゃま」なんて。

まあ、唄を聞いているうちに眠ってしまうのが子守唄だとすると、私の子守唄は「浪曲」、そうです、浪花節でした。いたでしょ、広沢虎造。「馬鹿は死ななきゃ治らねえ〜」なんて聞いて、「ああ、あいつ、かわいそうだなあ。死なないと治らないんだ。明日、学校で教えてあげなきゃ。でも、教室じゃみんなに知れ渡っちゃうから、便所にしよう」なんて同級生のことを本気で心配してるうちに、ぐっすり寝て、いつの間にか朝になって、そのことをすっかり忘れて、「なんだったっけ、昨日、なんかすごく心配したんだよな」なんて。どっちがホントの馬鹿か、わからなかったりしましてね。

なんで、浪曲が私の子守唄かと言いますとね、うちの父親が浪曲が好きで、いつも隣の部屋で聞いていたんですよ、ラジオで。それが聞こえてくるもんですからね、聞いているうちに寝てしまう。秋深し、隣りはラジオする人ぞ、なんて。

ですからね、最初のところだけ今でも覚えているんですよ。「利根の川風、袂に入れて〜」は玉川勝太郎の「天保水滸伝」、「佐渡へ佐渡へと草木もなびく〜」は寿々木米若の「佐渡情話」、「妻は夫を労わりつ、夫は妻を慕いつつ、頃は六月なかの頃〜」は浪花亭綾太郎の「壺坂霊験記」でしょ。

そういえば、「浪曲子守唄」ってありましたよね。一節太郎さんが唸って大ヒットした歌。まあ、言ってみれば、それですね、私の子守唄は。いえいえ、私の女房は、まだ逃げていませんけど。

《荘介からひとこと》

私が「江戸の子守唄」を歌って……。それを引きついで「江戸の小話」へ入っていく……。そんな「二人の会」をする仲良しですが、実は私は鳳楽師匠の熱烈なファンのひとりでもあります。会うたびに、なんか切ないなつかしさを感じる大事な大事な親友のひとりです。

父の子守唄

NPO法人・日本子守唄協会理事長
西舘好子

明治四十二年生まれの父は、五歳で母を亡くしました。

私の祖母です。まだ二十七歳の若さで、当時は不治といわれた結核でした。

父の下には三歳になる妹がいて、幼い兄妹は、それから後妻に来た母に育てられました。

義母はそれは厳しい人で、後ろ指を指されないよう育てなければという意地が勝って、親戚から苦情が出るほど躾にうるさかったようです。

兄妹は仲が良く、後年嫁に来た母が焼きもちを焼くほどでした。

私の叔母にあたるその人は幸い近所に嫁に来ていたので、ちょくちょく顔を合わせていましたが、滅多に父を訪ねてくることはありませんでした。

おとなしい叔母は、義母にも、父の嫁である母にも遠慮するという性格だったのです。

戦後の下町の夕暮れ時は道の角々に、子どもを背負った母親や女中さんたちが集まって子守唄を唄ったり、おしゃべりしたりと、陽が落ちるまで時間を過ごすのが習慣になっていました。叔母もその中の一人でした。

叔母がいるとわかると、父はどこからか包みを持ってきて、「春（叔母の名前）に渡しておくれ」と、私に手渡しました。そうあることを予測して、父は酒悦の福神漬けや、時に半幅帯《はんはばおび》や日傘など日頃からこっそりためているのです。

叔母はうれしそうに受け取ると、「ねんねんころりよ　おころりよ」と、あたりに気取られないように大きな声で子守唄を唄いました。

夕陽がゆっくりと落ちて、それぞれの子守たちが、「また明日」と散っていきます。

叔母は最後まで、背中の子をゆすりながらうろうろしていました。

私の家は目の前なのです。父にはきっと叔母の声は聞こえていたことでしょう。

今になって思います。母を亡くした兄妹はかばい合い、そっと寄り添って生きてきたのでしょう。私の父も、おとなしい叔母も、思い出せば大きな声を張り上げたり、愚痴や苦情を言った姿を一度もみたことはありません。いつも冗談を云ったり、ニコニコしていました。

「みんなに可愛がってもらうんだよ」

二十七歳の生母の臨終の言葉、私の父は一度も忘れたことが無いと言いました。

　母のない子は　夕陽を拝む
　母は夕日の真ん中に
父も叔母もすでにあの世の人ですが、夕暮れ時の下町の路地にふと聞こえてくる子守唄に、父や叔母の笑顔が重なってくる瞬間があります。歳とともに、子守唄が身近になってくるような気がしています。

《荘介からひとこと》

浅草生まれのキカン坊でヤンチャなヨーちゃんが、まさか子守唄協会の理事長になるなんて。信じられない。でも子守唄と出会ってからのヨーちゃんは、本当にすてきな良い女になったんです。亡くなった兄貴分の、詩人で子守唄の研究家としては十年先輩の松永伍一先生とは、よくそんな話をしてました。

子守唄はオフクロの声

作曲家 **服部克久**

先日、久し振りにオヤジに逢いに行った。久し振りと言っても、チョクチョク出先で顔をあわせるから、まあそう御無沙汰をしている訳でもない。逢いに行ったというか、十月一日がオヤジさんの八十四歳の誕生日で、家族が集まったということなのだが、肝心のオフクロさんが先月から骨折で入院してしまったので、オヤジさんがすっかり意気消沈してしまって、パーティはひどく盛り上がらなかった。

帰りに、オフクロを見舞いに行ったのだが、本人はいたって元気。小言やらなんやら聞かされて、それでも結構そんなに不愉快でもなくって、気がついた。あ、そうだオレにとっての子守唄は、このオフクロの声なんだ、この声の調子なんだ。子供の頃に多分、色々歌ってくれたあの唄この唄、ほとんどおぼえていないけど、オフクロの声を聞くと、脳の方で勝手に反応する。えらく素直になって、肩の力がスッと抜けて、固く握っていた拳がほどける思いだ。あーやっぱり、たまには、オフクロの顔を見に行かなきゃいかんな、とその時は思うのだが、またぐちゃぐちゃに仕事にまきこまれて、すぐ三ヵ月位は御無沙汰してしまう。どうもいつもすみませんね、オフクロさん。

《荘介からひとこと》

私が音楽家ユニオンの役員をしていた頃、日本作曲家協議会の役員をしている服部さんと何度か会議で一緒になりました。井原市での二度目の日本子守唄フェスティバルでご一緒しました。いろんな面で大活躍です……。私はお電話をしても、ひょっこりお会いしたときもついつい、「かっちゃん」って呼んでしまいます。そういわしめる親しみ、優しさをもった人です。

＊これは、二六年かけて、日本の子守唄集大成をした時にいただいた言葉です。克久さんのお父様は、あの高名な作曲家、服部良一先生です。

（『日本の子守唄　鑑賞アルバム』より）

たくさんの人たちの励まし、癒し、そして叱咤激励が子守唄

女優
星由里子

ねんねんころりよォおころりよォ♪　東京牛込北町に嫁いだ十歳年上のたった一人のお姉ちゃんの家へ行くのは中学生の私にとって一番の楽しみでした。それは初めての甥にあたる赤ちゃんに会えるからでした。赤い顔して泣く赤ちゃんに、ねんねんころりよォ

♪　と唄うといつの間にかすやすやと寝息をする赤ちゃんの可愛い事、もう五〇数年前の昔の事になります。

私は五人兄弟の末娘で家族の皆から子守歌に守られて育って来ました。赤ちゃんの頃の事は覚えていませんが、でも『由里ちゃんは良い子だねんねしなぁ〜』の子守歌は今の私の体の中に生きているのでしょうねぇ〜。

中学三年の時姉に連れられ観に行った宝塚歌劇に打ちのめされ、どうしても本場の宝塚歌劇を訪れたく、ミスシンデレラ娘コンテストに応募し幸運にも合格し準ミスの皆様と賞品の二泊三日で宝塚歌劇見学を果たすことになりました。コンテストの審査委員長菊田一夫先生は当時の私を『八重歯のシンデレラ娘誕生』と合格印を押して下さり、女優の道へと導いて頂いたことが『私の子守歌』第一歩になったと思えます。

お陰様で、東宝撮影所で名プロデューサー藤本真澄さんとの出会いで『すずかけの散歩道』で映画デビュー。大スター司葉子さんとの共演、「女優さんになるのなら痩せなきゃダメよ」当時十五歳の少女の私は丸々と太っていたのです。でもこの励ましも私への子守歌でした。そして若大将加山雄三さんとの出会い☆　私にとって大きな大きな子守歌になりました。家業の乾物商を営んでいた母を楽にしてあげたいと生意気な一心で仕事に精をだし二十歳で自分の家を建て、母と二人、成城に住まい致す事が出来ました。

それまで、家族やスタッフそして沢山の人達に、励ましの、癒しの叱咤激励の子守歌に支えて頂いたことは言うまでもありません。感謝感謝の気持ちが、私からの子守歌として皆様に聞いて頂いていれば幸せです。映画からテレビドラマの出演、そして舞台出演と私の女優としての道はどんどん幅を広げて頂けました。でもその間には、新しい出会いも沢山ありましたが、思いもよらない悲しい別れも有り、その都度何とか乗り越え、前を向いてまいりました。

もう少しで女優生活六十年を迎えます。もっともっと邁進していかなければと気持ちを新たにしています。若いときには気が付かなかった小さな事も、今となっては全て私への子守歌となって支えて来てくれたように思えます。

《荘介からひとこと》

二十代半ばの由里子さんがお母様と二人暮しの成城のお宅にギターを教えに通ったのが夢のようです。ほんとうに可愛かったですね。いろんな出来ごとを乗り越えて、大女優に成長した由里子さんを、私はいつもいつもまぶしく感じながら応援しています。

おばあちゃんの子守唄は、生き方の指針

森繁久彌氏次男
森繁　建

こーんごーおせーきも　みがかずばー　たーまのひかりもそわざらん。

五、六歳の頃の夏、僕は金太郎の腹巻をしてもらい、蚊の入らないよう素早く蚊帳の中に入ると、既にそこにはおばあちゃんが布団に横になっている。

僕はいつものようにおばあちゃんの肌掛けにもぐりこむ。おばあちゃんは団扇でゆっくりと扇ぎながら、〜金剛石も磨かずば〜と歌い始める。その声はか細く、何となく不安定だが、音程はしっかりしていたように思う。僕はおばあちゃんのしなびかかったおっぱいをまさぐりながらいつしか眠りに入る。これが僕の子守唄だ。

当時は何の意味かさっぱり分からなかった。おばあちゃんも子供の私に「金剛石」が何たるかなど教えてくれなかった。戦後の毎日の食べるものにさえ事欠き、お腹を空かした子供に教えたところで何の役にも立たないからだ。

従って僕が金剛石がダイヤモンドと知ったのは、大分大きくなってからだ。それを知った時、何だか凄い知識を得たようで、友達に自慢気に話した事を覚えている。しかし頭の中では「金剛石も磨かずば　玉の光も沿わざらん」とあるので、あのカットされたダイヤモンドと、球状の金剛石とはどうしても同一の物と思えず、僕にとっては今でも別物である。

僕はいつもおばあちゃんが歌う一番の中頃で寝てしまったが、「読書百篇意自ずから」云々ではないが、次第に子供心にもおぼろげながらその意味が分かって来た様な気がした。後にこの詩が昭憲皇后御製の詩であることを知ったが、含蓄に満ち溢れた内容で、この歌に勝る人としての生き方の指針となるものはないと思っている。

今は蚊帳もない。蚊取り線香の匂いも、縁側から漂ってくる寝る前に遊んだ花火の残り香もない。静かなクーラー音と寝心地を考えたやさしい冷風はありがたいが、子守唄は似合わない。孫達が可哀そうだ。

《荘介からひとこと》

森繁久彌先生が存命中は、まったく接点をもたなかった建っちゃんと、先生が亡くなられてから、兄弟のように仲良くなれたのは、まさしく天国の先生からの大きなプレゼントです。「建っちゃん」「兄《あに》さん」と呼び合い、数日間連絡しないでいると、たまらなく会いたくなるのは、とても不思議なことです。いっぱいいっぱい楽しい時間を作ろうね。

おばちゃんの昔話

俳優
山谷初男

私、山谷初男は秋田県仙北郡角館町（現仙北市）の駅前の「やまや旅館」の息子として生まれ育ちました。東京に出て役者になってから、もう六〇余年……考えてみると随分と長い年月が経ってしまったものだな～と思います。原荘介さんに、「ハッポン（私のニックネーム）は子守唄さ、誰に歌ってもらった？」と聞かれても何も思い出さないのです。そう言われてみて、むか～しむか～しの子どもの頃を思い出そうとしてみました。

母親の姿は、囲炉裏の側のちゃぶ台の前に座って家業の旅館の従業員たちに采配をしている姿が浮かびます。ちゃぶ台の引き出しには、何故かゆで卵が入っているのです。傍にはリンゴ箱があった事も思い出しました。私は母親の唄を聞いた覚えがありません。私と兄弟（三人）の世話は、それぞれの子守のお手伝いさんに任されていました。私に子守唄を歌ってくれたのは誰だったのでしょう……私の子守りをしてくれたお手伝いさんでもないようです。

でも、私は唄を歌うことが好きです。私の唄は魂の叫びだと言う人がいます。（自分ではそう思っていませんが……）コンサートなどでも歌います。何故か私の歌を聞くと、笑いながら泣いてしまう人がいるそうです。私は唄っこが好きなんです。

でも……荘介さんの言う、私の心の中にも必ずあるという子守唄が入っている「心のひきだし」はなかなか開いてくれないのです。でも……よーくよーく考えていると子供の頃の情景がおぼろげながら浮かんできました。それは、表に出した縁台に子ども達が集まっていると、近所のおばちゃんがやって来て昔話をしてくれたのです。とても待ち遠しかった気持ちも甦ってきました。おばちゃんの体の温もりも思い出されました。おばちゃんの声やお国なまりの語り口……それを聞いている私の何とも言えない安らかな、幸せな気持ちが甦ってきました。
これは「心のひきだし」が少しだけ開いたという事でしょうか……おばちゃんの昔話は私にとっての子守唄だったのでしょうか……これから、何かの拍子に「心のひきだし」が、又少し開いてくれることがあるのでしょうか？　何故か、ほっこりとあったかい気持ちです。

《荘介からひとこと》

通称「はっぽん」さんは、私と同じ秋田県の出身です。そして、特異な存在感のある俳優さんです。数多く、ステージを一緒に踏みました。いろんな想い出がありますが、永年続いた秋田市の「第一会館」での私のディナーショーにそっと遊びに来て、私が「月の砂漠を～」と歌いはじめたら、広い会場の一角から、その続きを歌いながら、舞台に向かって歩いてきてくれた姿は、一生忘れません。はっぽんの「秋田音頭」は天下一品です。

心の引き出し　開けてみて――子守唄に捧ぐ

読売新聞記者
永井一顕

ギタリスト・原荘介のことを、二〇〇九年十一月十日に死去した俳優の森繁久彌は親しみを込めて「不思議な男」と評した。六日にステージデビュー三五周年記念コンサートを開いたばかりの「不思議な男」は訃報《ふほう》に接して終日、泣き暮らした。

コンサートでは、ブリュッセル弦楽四重奏団と歌手の加藤登紀子が共演。この不思議な組み合わせが、原の経歴を物語っている。かつて十年ほど、ベルギーを拠点にヨーロッパの日本人学校を訪ね回って音楽を届けた。若き「お登紀さん」にギターの手ほどきをしたのは、もっと前の話だ。

秋田県大館市の生まれだが、ルーツは隣の青森県で父が南部、母は津軽の出。柔道家を志した時期もあるが脚を痛め、今も松葉づえを手放せない。記憶の底に「寝ろじゃ（寝なさい）」とささやく「津軽の子守唄」が潜んでいる。先年九十代で亡くなった母に「この歌、おべでらが（知ってる？）」と歌ってみせたことがある。

「分がらねな。いや、待でよ、わんか（ちょっと）思い出してきたじゃ」。息子は「泣がさった（自然に泣けてきた）」そうだ。

「人はだれでも、心の中に幾つかの引き出しを持っている。さびついて、なかなか開かない引き出しが一つある。それを開けてみてほしい。きっと『子守唄』が見つかります」

子守唄研究の第一人者でもある原の、これが持論。〽おどみゃ島原の……で始まる「島原の子守唄」との偶然の出会いから、彼の旅は始まった。全国津々浦々を訪ね歩いて古老から子守唄を採譜、記録する。二六年の歳月をかけて、一三八曲を収めた八枚組みＣＤの完成にこぎつけた。

親の愛に満ちた「眠らせ唄」や「遊ばせ唄」から、子守娘が社会の差別と不条理を告発した「守子唄」まで、子守唄の領域は広い。「俺の心の引き出しにある歌は何だって？　やっぱり『津軽の子守唄』だべな。津軽衆の血ってあるっきゃ（あるよね）」

「ん、あるある」。原の母堂と郷里を同じくする取材者にとっても、津軽の子守唄は特別な歌である。

〽寝〜ろ〜じゃ〜ヤイヤイヤイ……。

（『読売新聞』二〇〇九年十一月十八日より）

あとがき

二〇一七年十月、この本を書き上げた時点で、この年明け早々に加藤登紀子さんのお母様から始まって十二人の「心ふれあう友」を失いました。

同じ表現の世界で生きたポルトガル・ファドの月田秀子さん、俳優の土屋嘉男さん、ピアニストの石塚由紀子さん、フラメンコギターの伊藤日出夫先生、作曲家の曽根幸明先生……と。ほんとうに辛くて悲しいです。


人生は想い出の積み重ねだなあとしみじみ思うようになりました。

人間が生まれて死んでゆく……。その短い短い時間《とき》の流れの中で、何人の心ふれ合う本物の「友」と出会うのだろう。会うたびに切なさにも似たなつかしさを感ずる人こそ「心ふれあう友」です。また会えることのすばらしさ、うれしさ、そして楽しい時間を共有出来る喜びこそが人生です。

別れはとても悲しいけれど、でも人生で最も素晴らしい出会いがあります。

また会う日まで

作詞・作曲　原荘介

一、流れゆく日々の　切なさの中で
人は出会い　別れをくり返す
遠く海をへだてても　熱い想いは届く
変わらずにいて下さい　また会う日まで

二、ともに夢をみた　遠い昔に
青い空がまぶしく　眼にうかぶ
どんなに「時間《とき》」が過ぎても
「友達」でいたいから……
元気でいて下さい　また会う日まで

三、哀しみの夜は　熱い涙が
ほほを伝い　心を癒してくれる
せめてこのひとときを　大切にしたいから
胸にきざんでいて下さい　また会う日まで

朝、目を覚ましたときに、今日はどんな新しい出会いがあるのかと考えると心がワクワク、ドキドキします。人が愛《いと》おしく、時間が愛おしくてなりませんね。

縁あってこの緑の地球に生まれ、はかり知れない、数えきれないほどのアクシデントに遭い、苦しみを味わい、感動を得、底知れない深い悲しみを体験し、ただひたすらに、夢中に、神から与えられた「時間」を享受しているのです。心ふれあう「友」こそ人生最高の財産です。

縁とは不思議なものです。

藤原書店の社長、藤原良雄さんとの出会いは、十四年近い昔にさかのぼります。

二月のある日、私と加藤登紀子さん、そして藤原社長は、十七年ぶりに子守唄の五木村を訪ねるために乗った、熊本行きの飛行機の中でした。登紀子さんは、藤原社長に依頼され、『苦海浄土』の著者、石牟礼道子さんの『全集』の解説を書くために石牟礼さんに会いたいということで、石牟礼さんに会った後、五木村に行くことになっていたのです。

空港に着きましたが、石牟礼さんをお訪ねする時間まで余裕があったので、みんなで昼食をとることになり、お店に入りました。名物の馬刺をごちそうになり、せっかくだからとおいしいお酒を飲みながら、私は初対面の社長に、夢中で子守唄にとりつかれた四十数年間の思いを伝えました。

そのことが縁で、藤原書店の有名な雑誌『環』の別冊で子守唄をとり上げることになり、すてきな本が出来上がりました。

そこで芽生えた「友情」が、この度のエッセイにつながりました。藤原良雄社長と編集の山﨑優子さんには感謝の気持ちでいっぱいです。

そして今まで、出会い、別れた多くの「友」に、またずっと支えてくれた、今は亡き妻に、この本を捧げます。

二〇一七年十月

原　荘介

【全国クラシカルギターひき語りフェスティバル】

2009年5月6日　調布市グリーンホール（第1回）
2010年5月5日　調布市グリーンホール（第2回）
2011年5月8日　調布市グリーンホール（第3回）
2012年5月3日　調布市グリーンホール（第4回）
2013年5月6日　調布市グリーンホール（第5回）
2014年5月6日　調布市グリーンホール（第6回）
2015年5月4日　調布市グリーンホール（第7回）
2016年5月8日　調布市グリーンホール（第8回）
2017年5月7日　調布市グリーンホール（第9回）
2018年5月5日　調布市グリーンホール（第10回・予定）

【その他、記念コンサートなど】

1975年9月30日　お茶の水日仏会館で初のコンサート（ゲスト：加藤登紀子）
1990年2月7日　渋谷公会堂で15周年リサイタル（ゲスト：中村八大、加藤登紀子）
1996年1月8日　安田生命ホールで20周年リサイタル（ゲスト：森繁久彌、芹洋子、松永伍一）
2005年3月7日　津田ホールで30周年リサイタル（ゲスト：加藤登紀子、西舘好子）
2014年9月30日　武蔵野公会堂でステージデビュー40周年記念リサイタル（ゲスト：yae、小西智子、アリエント）

1989年11月19日　岡山県井原市「日本の子守唄」フェスティバル5
1990年10月26日　長崎県島原市「日本の子守唄」サミット会議3
　　　11月17日　岡山県井原市「日本の子守唄」フェスティバル6
1991年11月3日　岡山県井原市「日本の子守唄」フェスティバル7
　　　11月9日　和歌山県岩出市「日本の子守唄」サミット会議4
1992年11月3日　岡山県井原市「日本の子守唄」フェスティバル8
　　　11月14日　大分県宇目町「日本の子守唄」サミット会議5
1993年10月31日　岡山県井原市「日本の子守唄」フェスティバル9
　　　11月13日　静岡県沼津市「日本の子守唄」サミット会議6
1994年11月13日　岡山県井原市「日本の子守唄」フェスティバル10、サミット会議7
1995年10月21日　岡山県井原市「日本の子守唄」フェスティバル11
　　　11月3日　熊本県天草町「日本の子守唄」サミット会議8
1996年11月3日　熊本県五木村「日本の子守唄」サミット会議9

【ブリュッセル弦楽四重奏団　公演】

1996年12月5日　秋田市文化会館小ホール
　　　12月6日　朝日生命ホール
1997年11月18日　安田生命ホール
　　　11月25日　ホテルオークラ
　　　11月26日　宮古島東急リゾートホテル
2001年10月30日　朝日生命ホール（25周年リサイタル）
2006年2月28日　津田ホール
2009年11月6日　津田ホール（35周年記念リサイタル）
2012年2月28日　津田ホール
2013年10月28日　津田ホール
2015年11月4日　白寿ホール

原荘介　コンサート記録

＊主なものについて、項目別に列挙した

【ふたりの会】

1982年12月14〜18日　渋谷エッグマン
（ゲスト：因幡晃、加藤登紀子、吉岡しげ美、舟木一夫、森村桂）
1983年11月24〜25日　渋谷エッグマン
（ゲスト：みなみらんぼう、中村八大）
…
2013年7月14日　両国門天ホール（ゲスト：田中健）
11月10日　両国門天ホール（ゲスト：加藤登紀子）
2014年3月16日　両国門天ホール（ゲスト：三遊亭鳳楽）
7月13日　両国門天ホール（ゲスト：因幡晃）
10月26日　両国門天ホール（ゲスト：森繁建）
2015年3月22日　両国門天ホール（ゲスト：土屋嘉男）
7月5日　両国門天ホール（ゲスト：yae）
11月8日　両国門天ホール（ゲスト：西村ヒロ）
2016年3月13日　両国門天ホール（ゲスト：北川翔）
10月9日　両国門天ホール（ゲスト：山谷初男）
2017年2月12日　両国門天ホール（ゲスト：yae）
6月25日　両国門天ホール（ゲスト：窪島誠一郎）
10月29日　両国門天ホール（ゲスト：さとう宗幸）

【「日本の子守唄」サミット、フェスティバル】

1986年11月15日　岡山県井原市「日本の子守唄」フェスティバル1、サミット会議1
1987年11月3日　熊本県五木村「日本の子守唄」サミット会議2
11月15日　岡山県井原市「日本の子守唄」フェスティバル2
1988年4月30日　岡山県倉敷市「日本の子守唄」フェスティバル3
11月13日　岡山県井原市「日本の子守唄」フェスティバル4

著者紹介

原 荘介（はら・そうすけ）

1940年秋田県大館生。ギタリスト、子守唄研究の第一人者、ギターひき語りの第一人者。

小樽商科大学卒業。東海汽船勤務を経て、1967年にギタリストとして独立。クラシックギターを溝淵浩五郎、大西慶邦の両氏に師事。ひき語りを下沢五郎氏に師事。日本演奏家協会（日本音楽ユニオンの前身）の設立から参加（副委員長）。日本芸能実演家団体協議会（芸団協）労災委員長・組織委員長を務めた。日本クラシカルギターひき語り協会会長。

“クラシック・ギターひき語り”を指導するかたわら、国内はもとより、ベルギー・ブリュッセルを中心に海外でも活発に音楽活動を行う。ライフワークとして、海外日本人学校をめぐり、子供たちにギターの音色を届けて歩く。ベルギーで盲目のジャズピアニストのニコ＆シモンの兄弟と出会い、ソニシ・バンクーバー・トリオを結成、1994～95年、全国35公演を実施。

もうひとつのライフワークである子守唄は、40余年にわたって調査収集し、その発表に精力的に取り組んでいる。日本全国の子守唄138曲は文化庁の協力を得て完成され（『日本の子守唄』CD8巻＋歌詞集＋鑑賞アルバム、日本通信教育連盟、1992年）、貴重な資料として高く評価されている。

2009年～7年間、日本テレビ文化センター「歌の祭典」審査委員長。10年間、SSW（シンガーソングライター）フェスティバルを青梅で開催。「荘介のたまり場」103回進行中。

著書に、全音楽譜出版社より『ひき語りでいこう』全39巻、『たのしいひき語り入門』ほか教本42冊。『こころの歌――ギターひき語りアルバム』（現代ギター社）『風来旅日誌』（武内印刷出版部）『人生は泣いて笑って喧嘩です――傷だらけでも生きられる』（日新報道）『ギターを担いだ中年の渡り鳥』（芸術現代社）。日本コロムビアよりギターソロアルバム、歌のアルバムほかCD多数。『ギターミュージック』に11年間連載。

男《おとこ》のララバイ——心《こころ》ふれあう友《とも》へ

2017年 12月10日　初版第1刷発行©

著　者　原　荘介
発行者　藤原良雄
発行所　株式会社　藤原書店

〒162-0041　東京都新宿区早稲田鶴巻町 523
電　話　03（5272）0301
FAX　03（5272）0450
振　替　00160 - 4 - 17013
info@fujiwara-shoten.co.jp

印刷・製本　中央精版印刷

Printed in Japan
ISBN978-4-86578-152-6

初公開の獄中往復書簡

絆（きずな）

加藤登紀子＋藤本敏夫
推薦＝鶴見俊輔

初公開の獄中往復書簡、全一四一通！　電撃結婚から、長女誕生を経て、二人が見出した未来への一歩……。内面の激しい変化が包み隠さず綴られた、三十余年前の二人のたたかいと愛の軌跡。

第Ⅰ部「歴史は未来からやってくる」（藤本敏夫遺稿）
第Ⅱ部「空は今日も晴れています」（獄中往復書簡）

四六変上製　五二〇頁　**二五〇〇円**　（二〇〇五年三月刊）　◇978-4-89434-443-3

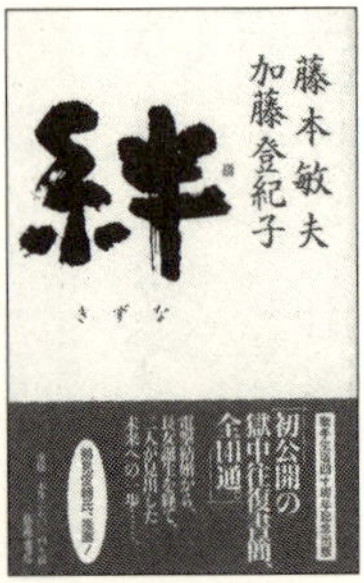

満洲ハルビンでの楽しい日々

ハルビンの詩がきこえる

加藤淑子
加藤登紀子編

一九三五年、結婚を機に満洲・ハルビンに渡った、歌手加藤登紀子の母・淑子。ロシア正教の大聖堂サボール、太陽島のダーチャ（別荘）、大河スンガリー——十一年間のハルビンでの美しき日々を、つぶさに語りつくす。

［推薦・なかにし礼］　**口絵八頁**

Ａ５変上製　二六四頁　**二四〇〇円**　（二〇〇六年八月刊）　◇978-4-89434-530-0

死に向かう生の道のりを、ともに歩いた

ふたりごころ

〈生と死の同行二人〉

篠田治美

「ありがとう」——八十四歳で旅立った書家・篠田瀞花を看取った娘が、その生と死を書ききる。病が訪れ、それを拒み、受け容れ、生の終わりへと歩く道のりは、決して無くなることのない人の営みの、最も重要な局面の一つである。「病者本人ではないのに、健康な肉体を持ちながら病死に歩みを進める当事者だった」。**カラー口絵八頁**

四六変上製　三二〇頁　**一八〇〇円**　（二〇一五年一一月刊）　◇978-4-86578-054-3

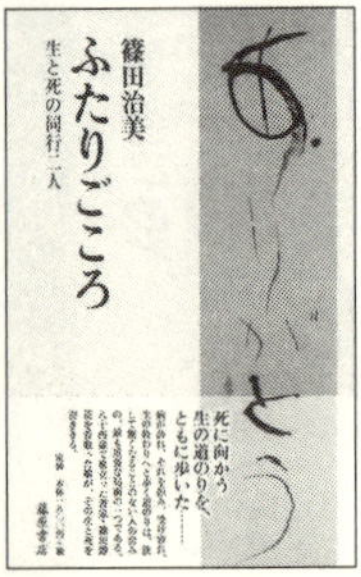

〈品切書籍〉

新しい女——19世紀パリ文化界の女王 マリー・ダグー伯爵夫人
（D・デザンティ／持田明子訳）
四六上製　416頁　**3689円**（1991年7月刊）◇978-4-938661-31-1

パリに死す——評伝・椎名其二（蜷川讓）
四六上製　320頁　**2800円**（1996年9月刊）◇978-4-89434-046-6

タレラン伝㊤㊦（J・オリユー／宮澤泰訳）
㊤四六上製　728頁　**6800円**（1998年6月刊）◇978-4-89434-104-3
㊦四六上製　720頁　**6800円**（1998年6月刊）◇978-4-89434-105-0

わが世の物語——アンナ・ド・ノアイユ自伝（A・ド・ノアイユ／白土康代訳）
四六上製　320頁　**3200円**（2000年2月刊）◇978-4-89434-166-1